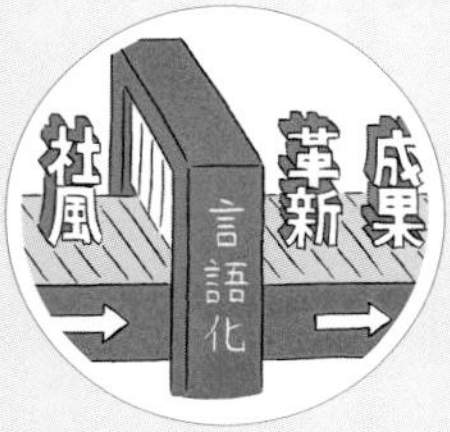

採用力
チェックシート

「採用力」とは、採用活動を進めるにあたり、
採用担当者が身につけておくべきチカラのことです。
左の01〜12の設問に答えて、
現在のあなたの「採用力」をチェックしてみましょう。

正答&解説

12の設問は、6つの採用力(→P.37)に関するもので
正答率の低かった項目は、本書の該当ページを読ん

採用力	項目	
採用の語彙《ごい》	01	「自社らしさ」は、雰囲気でしか伝わらないと思う
	02	社風は見てもらうほうが早いので、特に言葉では説明していない
労働市場の動向	03	自社に応募していない求職者からも情報収集している
	04	採用活動の各段階における求職者の心理を理解している自信がある
見極める	05	面接にあたって自分のもつ偏見や先入観をしっかり理解している
	06	ストレス耐性を見極めるために、圧迫面接は必要悪だと思う
惹きつける	07	応募者の価値観に合わせて、自社の魅力の伝え方を変えている
	08	応募者の働き方・生き方に関する考えを把握している自信がある
企業最適	09	採用市場における自社の立ち位置を踏まえて、採用戦略を構築している
	10	人材要件には、現場からのオーダーをそのまま反映するように心がけている
社会最適	11	不合格は後の補欠合格を考えて、サイレント通知(通知しない)にしている
	12	エントリーシートは求職者を絞り込む効果的な方法だと思う

／そう思う」場合は○、
けてください。

	回答
思う	
章では説明していない	
集している	
理解している自信がある	
しっかり理解している	
は必要悪だと思う	
伝え方を変えている	
握している自信がある	
て、採用戦略を構築している	
ま反映するように心がけている	
通知(通知しない)にしている	
的な方法だと思う	

※正答&解説は裏面にあります。

す。あなたの回答と比較してみましょう。
で、採用力の向上に役立ててください。

正答	解説
×	雰囲気でも伝わりますが、言葉で伝えようとする努力を積み重ねていくことが大切です。
×	会社を見てもらうことも有効ですが、言葉による説明も有効です。自社の社風を語る語彙を探し、求職者に説明するようにしましょう。
○	自社には応募しなかった求職者を知ることで、「これまでアプローチできなかったものの、実は自社に合った採用ターゲット」を発見できるかもしれません。
○	求職者がどの段階で何を考えているのかを把握すれば、求職者の動機形成が円滑に進められます。求職者にとっても満足のいく就職・転職活動になるでしょう。
○	採用面接に際しては、さまざまな先入観が生じます。自分が特に陥りやすい先入観とその中身を理解しなければ、応募者を適切に見極められません。
×	圧迫面接は応募者に過度の負荷を与えるため、避けましょう。ストレス耐性を見極めたいのであれば、適性検査を利用するほうが効果的です。
○	何を魅力と感じるかは人それぞれです。応募者1人ひとりの心理を把握した上で、各者に適したメッセージを示し、応募者を惹きつけましょう。
○	会社を選ぶ基準は人によって異なります。応募者の価値観を理解していなければ、「会社に入りたい」という気持ちを高めるのは難しいでしょう。
○	自社の状況に合った採用方法をとらなければ、成果は得られません。まずは、自社の認知度や採用に割いている予算などから、立ち位置を考えてみましょう。
×	現場が求める人物を採用することは重要です。しかし、採用は経営計画の実現や会社の成長のために行われるものです。経営と現場双方の意見を踏まえて、人材要件を作る必要があります。
×	このような対応は、倫理的に避けるべきです。不合格の通知が行われないと、応募者は就職・転職の意思決定を下しにくくなります。不合格者は将来、顧客になる可能性もあります。後々の不利益につながる対応を行わないようにしましょう。
×	エントリーシートは、それを書く求職者側と読む企業側に多大な労力を求めるわりに、成果をもたらしにくい方法です。

☑ここをチェック！

「採用の語彙」が低かった場合

ほしい人材を定義するときに使う言葉や自社を説明する際の言葉など、採用活動に必要な言葉を多くもっていれば、人材要件の設定や社風の説明をより明確にできます。**本書全体**で用いられている言葉を参考に、語彙を増やしていきましょう。

「労働市場の動向」が低かった場合

労働市場の現状とかけ離れた採用活動を行っていると、内定辞退や早期離職というデメリットが生じます。**本書は全体**を通して、求職者の心理を解説しています。本書を参考に求職者の気持ちを理解し、採用活動に役立ててください。

「見極める」が低かった場合

自社に必要な人材を適切に見極めなければ、入社後、企業にとっても社員にとっても不幸な結果が待ちかまえています。本書の**Chapter 3**を読めば、見極めのために気をつけるべきポイントがわかります。

「惹きつける」が低かった場合

志望度を上げられないと、いくらその能力を見極めても、入社を決定してくれません。本書の**Chapter 3や4**では、応募者の志望動機を形成する方法を紹介しています。

「企業最適」が低かった場合

採用を成功に導くためには、会社の現状に合った採用戦略を組み立てることが必須です。本書の**Chapter 5**において、自社に合う採用を検討するための視点を解説しています。

「社会最適」が低かった場合

採用は自社内で完結する活動ではありません。求職者に大きな負荷を与える方法は避けましょう。特に募集とフォローでは、会社の事情を優先しがちです。**Chapter 2と4**を読んで、会社にとっても求職者にとっても望ましい採用を考えてみましょう。

回答用紙

以下の各項目について、あなたが「そうしている
「そうしていない／そう思わない」場合は×をつ

	項目
01	「自社らしさ」は、雰囲気でしか伝わらない
02	社風は見てもらうほうが早いので、特に言
03	自社に応募していない求職者からも情報収
04	採用活動の各段階における求職者の心理を
05	面接にあたって自分のもつ偏見や先入観を
06	ストレス耐性を見極めるために、圧迫面接
07	応募者の価値観に合わせて、自社の魅力の
08	応募者の働き方・生き方に関する考えを把
09	採用市場における自社の立ち位置を踏まえ
10	人材要件には、現場からのオーダーをその
11	不合格は後の補欠合格を考えて、サイレン
12	エントリーシートは求職者を絞り込む効果

「最高の人材」が入社する

採用の絶対ルール

脱 志望動機＆コミュ力《りょく》重視

求職者目線で考える「採用の新常識」

株式会社パフ
釘崎清秀
Kiyohide Kugisaki

株式会社ビジネスリサーチラボ
伊達洋駆
York Date

Contents

Chapter 1
全体編
採用活動の心得

Chapter
2
募集編
求職者を集める

ひと目でわかるチャート！

Chapter 3 選抜編

応募者から選ぶ

Chapter 4

フォロー編

内定辞退を防ぐ

Chapter 5

現状編

自社の課題を見つける

はじめに

企業が市場の中で生き残り続けるために、重要な資源となるのは「人」です。「人」という資源は、簡単には他社にマネできないものです。よい人を採用し、適切な仕事を任せて成長を促せば、強い会社を作ることができます。

そうした企業にとって重要な「人」を獲得するのが、「採用」です。採用のよし悪しは、「人」という資源のクオリティを経由して、その企業の未来に影響を与えます。よい採用を行えば、その会社は成果を収めやすくなるのです。採用は企業レベルで見ても大切な仕事であるといえるでしょう。

しかしながら私（伊達）は、「採用が上手くいかない」「自社に合った人材を確保できない」とこぼす、採用担当者を目にしてきました。彼らはなぜ、自社の採用が上手くいかないと感じるのでしょうか。

「求職者」の目線から、採用の世界を解きほぐしてみましょう。

求職者とは、企業の採用活動に参加する人のことです。求職者は、２つの難しさを抱えながら就職活動を進めています。

❶短い期間で企業を選ばなければならない

会社を選ぶための期間が往々《おうおう》にして短いという難しさがあります。何年もかけて情報を集めて吟味し、１社１社を慎重に検討した上で、入社する会社を決める求職者はあまりいません。

就職や転職は人生において重大な決断の１つです。新規学卒者の就職活動で考えても、数か月の間に自分が働く企業を選ぶ現状は、決して長い検討期間があるとはいえません。

❷入社しないと入社後のことはわからない

インターンシップなどを行っている企業もありますが、そこで企業が求職者に見せることができる仕事は限られたものです。新入社員として入社し、仲間とともに業務を遂行して、はじめて会社の様子が理解できます。

入社前から会社のことを深く知るのは難しいものです。

意思決定の期間が短いわけですから、知らない企業を幅広く深く調べることは困難です。そう考えると、求職者が就職・転職活動前から知っている「有名企業」を選びがちになるのは、当然かもしれません。入社しないと実態が知れない不安の中で、「よく知らない企業」を選ぼうという気持ちにはなりにくいでしょう。このような求職者をめぐる状況と心理が、「有名企業のほうが、採用が上手くいく構造」を形成しています。そしてこの構造は、多くの企業の採用担当者の前に「巨大な壁」としてそびえ立っています。

認知度の低い企業の中には、ある求職者にとっては有名企業よりも最高の働き場所となる企業が存在するはずです。それにもかかわらず、有名企業が有利になりがちな現在の構造は、一部の企業と一部の求職者しか幸せになれない、実に「もったいない」システムなのです。

多くの採用担当者は自社の採用を成功させたい一心で、さまざまな工夫をこらしています。しかし残念ながら、採用担当者が行う工夫の中には、成果に結びつきにくいものがあります。「こうすれば採用は上手くいく」と信じられている「常識」の中に有益ではないものが存在するからです。誤った常識に基づいて積み重ねられた工夫は、なかなか報われません。

1つ、例を挙げましょう。

「できる限り多くのエントリーを集めたほうがいい」という常識があります。これが採用担当者にいかに信じられているかは、エントリーが集まらなくて悩んでいる採用担当者の多さを見れば、一目瞭然です。

ところが実のところ、エントリーは「量」より「質」なのです。多くのエントリー数を集めることは、むしろ採用の成功を妨げます。たくさん集めたら、たくさん落とさなければなりません。求職者1人あたりとコミュニケーションがとれる時間が減ると、自社の内実を理解させたり、入社意欲を高めたりしにくくなります。このことは、結果的に求職者が「入社する」という意思決定を下しにくい原因となっているのです。

本書では、採用が上手くいかないと悩む採用担当者に向けて、独自調査や学術研究などの多くのデータを踏まえた上で採用の成果を上げるための考え方、実行の方法、工夫の方向性を示しています。本書の内容は、企業規模の大小、求職者への認知度の高低、専任の採用担当者がいるかいないかに関係なく、誰でもすぐに活用できるものです。

何年も信じられ、疑われずにいる採用の常識の中には、誤っているものもあります。本書では、そうした誤った常識の問題点を指摘し、採用の成果につながらない理由を丁寧に解説していきます。誤った常識が世の中で信じられている理由を知ることができれば、解決に向けて足を運びやすくなります。経験の浅い採用担当者にとっては、本書が、誤った常識を信じる上司や経営層を説得する武器になるかもしれません。

本書は採用支援事業を行う株式会社パフの釘崎清秀さんと私、株式会社ビジネスリサーチラボの伊達洋駆の2人で執筆しています。私たちは採用に関する複数のプロジェクトを約5年にわたって一緒に実行してきました。

本書の内容は、そこにおける議論と対話の結実です。

釘崎さんには、本書全体のアドバイザーとして目配りをしてもらいつつ、「プロが教える！採用力アップのためのヒント」を執筆していただいています。それ以外の本文は、私が書いています。

採用活動をよりよいものにしようと取り組んでいる採用担当者の熱意と努力が、採用の成功に結びつくために、本書が役に立つとすれば嬉しい限りです。

伊達 洋駆

本書の構成

Chapter 1では、採用活動に携わる人にとって、最も基本的な考え方を紹介しています。Chapter 2～4は、それぞれ「募集」「選抜」「フォロー」の段階で、常識と考えられていることの問題点を指摘し、その対策を解説しています。Chapter 5では、自社の採用活動の現状を理解するための視点と方法を紹介しています。

本書の内容は、企業や求職者への調査やインタビュー、学術研究をもとにしています。すでに採用に関する仕事をしている人も、はじめて採用担当者になる人も、まずはChapter 1から読むことをおすすめします
伊達 洋駆

Chapter 1

全体編 採用活動の心得

「採用活動とは何か」という根本的な心得から採用活動の設計まで、基本的な考え方を解説しています。

↓

Chapter 2

募集編 求職者を集める

一般的な募集の流れを紹介。採用サイト～エントリーまでの考え方を時系列に沿って解説しています。

↓

Chapter 3

選抜編 応募者から選ぶ

選抜方法としてメジャーな面接に注目し、効果的な面接のあり方、求職者の見極め方、社風の伝え方などを解説しています。

↓

Chapter 4

フォロー編 内定辞退を防ぐ

求職者へのフォローはいつから行うべきか、どのように行うべきかなど、内定辞退を防ぐために必要な考え方を紹介しています。

本書の内容を実践しよう

Chapter 5

現状編

自社課題を見つける

自社の採用の効果を数値化する方法や自社の採用環境を整理する視点など、自社が抱える課題を探る手立てを紹介しています。

本書の見方

Chapter 2～4は、すべての項目において［これって常識？］ページと［これが常識！］ページの2部構成になっています。［これって常識？］ページと［これが常識！］ページは対応しているので、あわせて読んでください。

［これって常識？ ページ］

この項目では、採用の世界で常識とされている考え方のうち、企業にとっても求職者にとってもマイナスとなるものをピックアップし、その問題点を指摘しています。

項目のタイトルです。採用業界で常識とされていることに問題提起をしています。

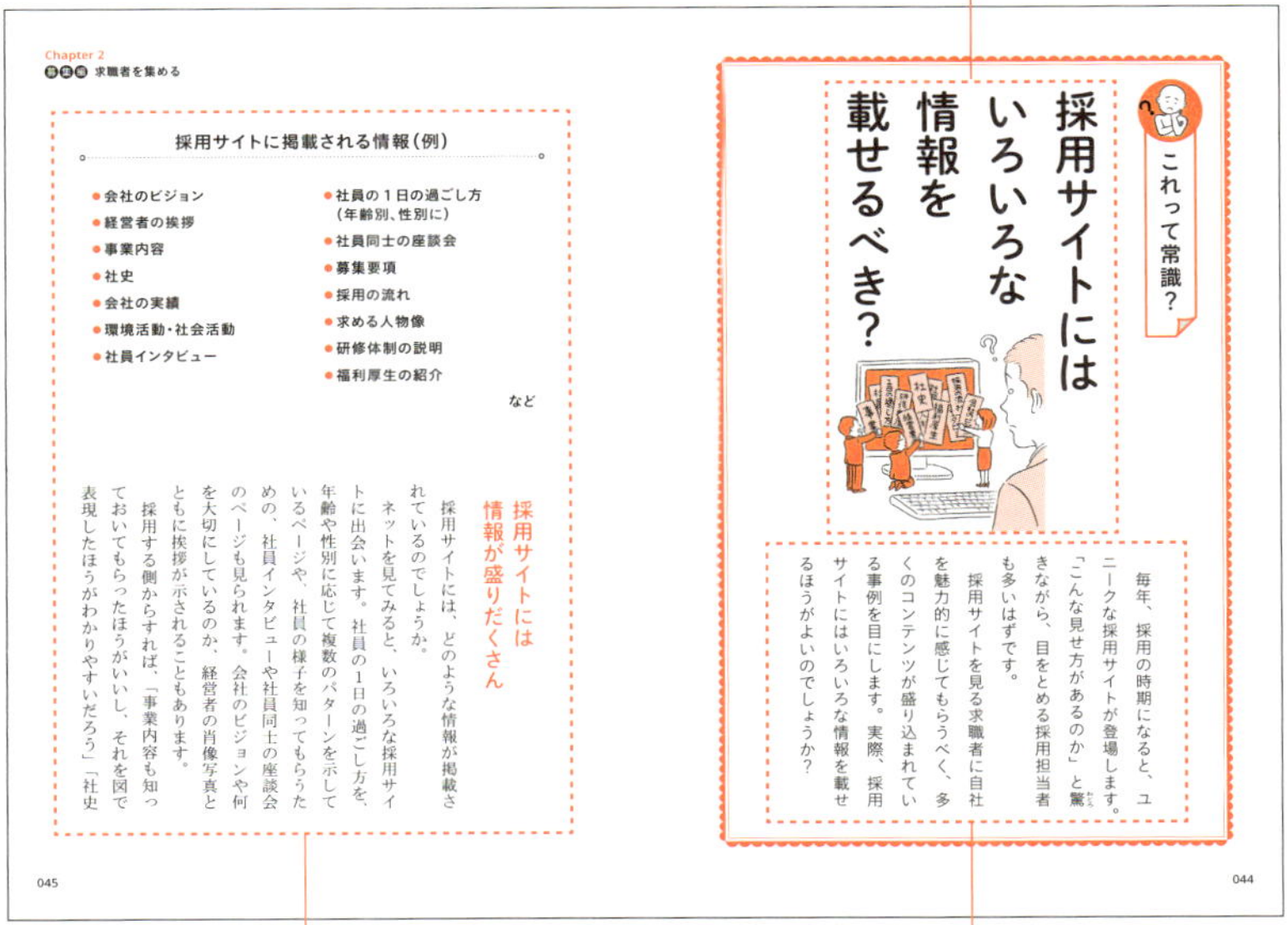

これって常識？

採用サイトにはいろいろな情報を載せるべき？

毎年、採用の時期になると、ユニークな採用サイトが登場します。「こんな見せ方があるのか」と驚《おどろ》きながら、目をとめる採用担当者も多いはずです。

採用サイトを見る求職者に自社を魅力的に感じてもらうべく、多くのコンテンツが盛り込まれている事例を目にします。実際、採用サイトにはいろいろな情報を載せるほうがよいのでしょうか？

044

Chapter 2
求職者を集める

採用サイトに掲載される情報（例）

- 会社のビジョン
- 経営者の挨拶
- 事業内容
- 社史
- 会社の実績
- 環境活動・社会活動
- 社員インタビュー
- 社員の1日の過ごし方（年齢別、性別に）
- 社員同士の座談会
- 募集要項
- 採用の流れ
- 求める人物像
- 研修体制の説明
- 福利厚生の紹介

など

採用サイトには情報が盛りだくさん

採用サイトには、どのような情報が掲載されているのでしょうか。

ネットを見てみると、いろいろな採用サイトに出会います。社員の1日の過ごし方を、年齢や性別に応じて複数のパターンを示しているページや、社員の様子を知ってもらうための、社員インタビューや社員同士の座談会のページも見られます。会社のビジョンや何を大切にしているのか、経営者の肖像写真とともに挨拶が示されることもあります。

採用する側からすれば、「事業内容も知っておいてもらったほうがいいし、それを図で表現したほうがわかりやすいだろう」「社史

045

なぜ常識と考えられるようになったのかの背景と現状を説明し、その常識の問題点を指摘しています。

タイトルの問題提起に補足し、この項目の論点を簡潔に説明しています。

［これが常識！ページ］

この項目では、誤った常識を改善し、採用の成果を高めていくために、企業の採用事例を紹介しながら、問題点への対策や、採用に必要な新たな視点を紹介しています。

項目のタイトルです。採用の成果を高めるために、新たな常識とすべきことを示しています。

これが常識！

採用サイトに掲載する情報を絞り込もう

採用担当者は自社のことをアピールするために、採用サイトに多くの情報を載せようとします。しかし、心理的距離が縮まっていない採用初期においては、採用サイトの内容は読み飛ばされやすい傾向にあります。

したがって、漫然《まんぜん》と多くの情報を掲載するのではなく、情報を絞り込み、その出し方を工夫しないことには、採用サイトは上手く機能しないのです。

050

Chapter 2
求職者を集める

採用サイトのゴールを考えて、採用サイトを設けよう

心理的距離が縮まっていない採用初期の段階でも、求職者に読んでもらえるような採用サイトにするためには、まず「採用サイトを設置する目的」を考えなければなりません。

「どこも採用サイトを作っているから、うちも……」というような考えで作ったサイトを、求職者が熱心に読み込む可能性は低いでしょう。また、採用サイトが「会社のパンフレット代わり」や「説明会の補助資料」のような作りになっているのをよく見かけますが、本当にそれで採用サイトとしての目的を満たしているのでしょうか。

「採用サイトの目的を考えましょう」といわれても、いろいろな目的が出てきて混乱してしまうかもしれません。**そのようなときは、「採用サイトを見た求職者に何をしてほしいのか」を考えてみてください。**

よくあるのは、「求職者が採用サイトを見て会社説明会に申し込む」ことを採用サイトの目的と考えて、サイト全体を構築し、具体的なコンテンツを考えることです。

求職者から見れば、採用サイトの閲覧は採用までの道のりの「スタート地点」にすぎません。**より重要な情報は説明会に参加して、その会[illegible]**

051

本書が提案する新しい考え方が、どのように採用の成果を高めるのかを説明しています。

タイトルの考え方に補足し、この項目の論点を簡潔に説明しています。

＼用語解説／

本書では、以下のように３つの言葉を定義しています。

- **求職者：**入社する企業を探している人たち
- **応募者：**特定の企業の採用プロセスに参加している人たち
- **内定者：**特定の企業から内定を受け取った人たち

※原則として、Chapter 1・2では求職者、Chapter 3では応募者、Chapter 4では内定者と、３つの言葉を使い分けています。

Chapter
1

全体編

採用活動の心得

Chapter 1では、「採用とは何か」という心得から採用活動の全体設計まで、採用活動の基本を解説します。

❶ 採用活動の目的と進め方
❷「人材要件」の設定方法
❸ 採用担当者に必要な「採用力」

採用の心得❶

そもそも採用活動とは何だろう？

採用は、1年もの時間をかけて行われます。採用担当者は、まず1年間の採用を設計、その後、採用サイトなどを通じて自社の存在をアピールし、自社の選考に参加するように求職者に働きかけます。応募者が集まったら自社に合う人を選び、内定を出します。

多くの時間と労力をかけて行われる採用活動ですが、企業はそもそも何のために採用活動を行っているのでしょうか。

何のために新しい人材を採用するのか

採用活動とは、会社の外から人材を獲得する活動のことです。新規学卒者を獲得する「新卒採用」と、実務経験者を獲得する「中途採用」の2つに大きく分けられます。

企業が「採用活動」を行う理由の1つは、会社を「成長」させるためです。

1人で実現できる事業の大きさには限界があり、一定の人数（人材）が求められます。「事業拡大」の際に、新しい人材を募集している企業を見たことがある人もいるでしょう。採用活動は、企業が成長するための原動力になるのです。

さらに、採用活動は企業の現状を「維持」するためにも大切な役割を担います。

企業は、定年をはじめとした離職により、自然に人員が減ります。それを放置していると、組織としての活動を十分に維持できなくなります。人が抜けたら、その分の人員を補充する必要があります。

ただし、人材を入社させればそれで終わりではありません。採用した人が会社に「定着」するように働きかけなければなりません。新人がすぐに辞めてしまったり、組織の一員として力を発揮してくれたりしなければ、採用した意義が薄れてしまいます。

それゆえ、どの企業も、会社に定着し、期待された貢献を行うことのできる人材の採用を目指すのです。

日本の企業は育成ありきで人材を採用する

多くの日本企業では、社員は主に人事異動を通じて、さまざまな仕事を経験しながら能力を育みます。その過程で、昇進・昇格を果たし、管理職になり、やがて定年退職の年齢になると、会社を去ります。定年退職によって上の世代が離職すると、下の世代が昇進・昇格を果たすことになります。下から上げられない場合は、社外の実務経験者を獲得します。下から上に上げることを繰り返せば、最も下の世代に「空き」が生まれます。そこで、新規学卒者の採用を行って、空きを補充するのです。

日本企業の採用は「新卒採用」が基本であり、入社後に社内で「育成」することを前提に人材採用をします。これは、欧米企業の一般的な採用とは大きく異なり、日本独特の考え方といえます。

欧米企業においては、ある程度明確な職務に対して人材を獲得します。「ポスト」を担う能力をもっていることが前提の採用です。

日本の企業が「育成ありき」の採用を行っているのに対して、欧米企業は「能力ありき」の採用を行っているのです。

もちろん、求める能力が明確な場合は、日本の企業でも中途採用を中心に能力ありきの採用が実施されることもありますし、昨今は「1つの企業に勤め上げるべき」といった認識も薄れつつあります。総じて、中途採用の重要度が増してきている状況ですが、それでも現在、日本の多くの企業が社内での育成を前提とした採用活動を行っています。

採用担当者は事情通でなければならない

前述の通り、採用活動は会社を維持・成長させるために必要な活動です。採用担当者は、自社の「現状」や「将来」を的確に理解した上で、どんな人材を獲得するべきかを定義しなければなりません。

自社の現状や将来を踏まえて人材を採用しなければ、会社の成長や生き残りが難しくなります。場合によっては、採用が事業力を弱めることにもなりかねません。筆者は、「自社の目指す方向に合わない人材が会社に居残って困っている」という相談を受けたことがあります。現状と将来を考慮した採用を徹底できていれば防げた事態です。

採用担当者には、人事の事情はもちろん経営方針や自社が力を入れている事業など、

社内の事情に関する深い理解が求められるのです。

また、採用には「競争」という側面もあります。自社が採用活動に取り組むその背後で、同時に他社も採用活動を行っています。そうした中で、求職者には自社を選んでもらわなければなりません。それゆえ採用担当者は、「社外」の情報にもまた精通しているほうが望ましいといえます。

自社を受ける人は、他にどんな企業を受けているのか、それらの企業は、いつ、どのような戦略で採用を行っているのか、他社と比べたときの自社の強みと弱みは何か、こうしたことを検討する必要があります。その上で、自社に適応し、活躍してくれる人材を獲得しなければならないのです。

採用担当者は求職者の就活をサポートする案内人

ここまで述べてきたように、採用担当者の仕事は、「会社」の将来に関わる重要なものです。それと同時に、採用担当者は「求職者」にとっても重要な存在なのです。

採用サイトなどにおいて求職者が触れる情報を用意するのは、採用担当者です。また、求職者が初めて対面で会う社員が、採用担当者であるケースも少なくありません。

採用に関する研究によると、採用担当者の振る舞いや雰囲気、求職者から見た優秀さなどが、求職者がその会社を魅力的に感じるか、その会社に入社したいと思うか、に影響を与えることがわかっています。

採用プロセスを通じて、採用担当者は案内人として求職者の就職活動に併走します。例えば、技術者として腕を磨きたい求職者がいれば、技術者として熟達した社員を紹介したり、面接官にあてがったりすることで、**求職者は自社を理解してくれますし、自分の希望する仕事が何なのか、将来のビジョンを明確にすることができます。**

求職者にとって、採用担当者が心強い併走者となるかどうかは、採用担当者の動き方にかかっています。採用担当者が専門性を高めれば、求職者によりよいキャリアを提供することができるでしょう。

最後に、採用活動がどのような流れで進むのかを紹介しましょう。

採用は、一般的に「計画」「募集」「選抜」「フォロー」の4ステップで進めます。次のページでは、各段階での企業と求職者それぞれ目的などを解説しています。採用計画の参考にしてください。

採用活動の流れ

フェーズ	求職者の行動	企業の行動
計画	キャリアに関する自己分析を進めつつ、どの企業の採用を受けるとよいか、作戦を練る。	自社の人材要件を定義し、その要件に合った求職者を採用するための計画を立案する。
募集	いくつもの求人情報の中から選考を受けたい企業を見定めて、エントリーする。	自社の求人情報を採用サイトを通じて求職者に知らせ、エントリーを働きかける。
選抜	採用面接などを通して、「自分が上手くやっていける会社か」を見極める。	応募者が働く上で望んでいることや応募者が持っているスキル・知識・態度を見極める。そして、応募者に内定を出す。
フォロー	「本当に、この会社で自分は働きたいのか」を考え抜き、入社を決定する。	内定者に、自社への入社を確定してもらうための働きかけを行う。

採用活動 ↓

入社／採用

採用活動は一般的に、「計画」「募集」「選抜」「フォロー」という4つのフェーズで進めます。ここでは、各フェーズで採用担当者が行うことを見ていきましょう

採用担当者のアクション

例

- 自社の現状を踏まえた採用戦略を立案する
- 自社なりの人材要件を定義する
- 採用計画人数を決める
- 採用の方法、スケジュール、実行者を検討する

など

Point
人材要件に合った求職者を採用するために、自社の採用について戦略とプロセスを設計する

例

- ナビサイトに求人情報を出す
- 自社の採用サイトを構築する
- 会社説明会を開催する
- 求職者からのエントリーを受け付ける

など

Point
どうすれば求職者に自社の選考を受けてもらえるか、工夫をこらす

例

- 応募者に適性検査を受検してもらう
- 面接シートを作成する
- 面接官を選ぶ
- 面接を実施する
- 応募者に内定を出す

など

Point
企業が応募者を選ぶと同時に、応募者に自社を選んでもらえるようにする

例

- 内定者に定期的に連絡する
- 内定者が社員と話をする機会を設ける
- 内定者同士の懇親会を開催する

など

Point
内定者にとって、キャリアの決断をする重要な局面。自社を選んでもらえるように、内定者の決断を支援する

企業と求職者が出会い、企業が求職者を選ぶと同時に自社のことを選んでもらいます。企業と求職者がそれぞれ「入社してほしい」「入社したい」となった場合に、晴れて入社が決定するのです

採用の心得❷

自社に必要な人材を定義する

採用担当者の仕事は経営方針や事業戦略を理解し、それを実現するための「人材」を確保することです。

それゆえ、採用の計画を立てる際に、必ず行わなければならないことがあります。

それは、自社がほしい人材を言葉で定義することです。これを人材要件の設定といいます。

自社の事業や風土に合わせて人材要件を設定する

人材要件とは、自社の社内外の環境を踏まえて、「ほしい人材」を定義したものです。つまり人材要件の設定とは、自社がどんな人材を求めているかを決めることを指します。

企業によって、置かれた市場や事業の構造、業務の進め方、人事制度、育成のあり方、職場の風土は異なります。その違いが、自社の人材要件につながるのです。

人材要件を考える際には、「どんな人材が自社に適応することができるか」「活躍することができるか」をイメージしましょう。会社の将来を見すえて考えると、獲得すべき人材のイメージがつかめるはずです。

自社に合った人材要件を定めれば、組織の成果にも結びつきやすくなります。逆に、人員をどれほど確保しようとも、人材要件の設定が描《つたな》ければ、不要な人件費が増えるだけです。

4つのカテゴリから人材要件を考える

それでは、人材要件はどんな考え方で定めるのが望ましいのか考えてみましょう。

人材要件は、「必須要件」「優秀要件」「ネガティブ要件」「不問要件」という4つのカテゴリに分けて考えると効果的です。

●必須要件……自社で働く上で欠かすことができない要素

この能力がないと、入社後、自社の環境に適応できず、求職者にとっても自社にとってもいい結果にならないという要件です。この要件を満たしていなければ、不合格にしてもよいでしょう。

●優秀要件……不可欠というわけではないが、あるとよりよい要素

この能力があると、一層の活躍が期待できるけれども、入社の時点で必須ではない要件です。この要件が不足しているからといって、不合格にしてはいけません。

●ネガティブ要件……「ない」ほうが望ましい要素

この能力があると、入社したとしても、求職者が上手く自身の力を伸ばすことができなかったり、会社の評価を下げたりするおそれがあるという要件です。そのような人は入社しても活躍が見込めないと考え、不合格にするべきです。

●不問要件……世間一般には「よい」とされているが、自社では問わない要素

世間的には望ましいとされていても、自社においては持っていなくても問題ないと

人材要件4つのカテゴリ

人材要件は、「必須要件」「優秀要件」「ネガティブ要件」「不問要件」という
4つのカテゴリに分けて考える。

必須要件

自社で働く上で欠かすことができない要素。

優秀要件

不可欠というわけではないが、あるとよりよい要素。入社の時点で必須ではない。

ネガティブ要件

「ない」ほうが望ましい要素。自社に不適合な人がもつ要素。

不問要件

一般的には大事とされる場合が多いが、自社では問わない要素。

いう能力がこれにあたります。この要件が不足していたとしても、不合格にしてはいけません。

人材要件は往々《おうおう》にして、「優秀要件」の列挙に陥《おちい》りがちです。「コミュニケーション能力は絶対にほしい」「地頭力も必要だな」など、**優秀要件が積み上げられると、「てんこ盛り」の人材要件になります。その結果、「そんな人材はなかなかいない」と、人材確保に苦しむことになるのです。**

「優秀要件」がたくさんあがってしまった場合、その中から「必須要件」を切り離しましょう。その上で、「ネガティブ要件」と「不問要件」を考えることによって、洗練された人材要件に近づけることができます。

人材要件の設定に必要な情報を集める

人材要件を考えるためには、必要な情報を集めなければなりません。ここでは、情報収集の仕方として、2つのアプローチを紹介します。

❶ハイパフォーマーの特徴から要件を考える

社内で高い業績を残している人（ハイパフォーマー）に「インタビュー」をして、人材要件を考える方法です。「日頃、何を重視して働いているのか」「いまの能力は入社後のどんな仕事で身についたのか。あるいは、入社前からもっていたものか」などを尋《たず》ねます。

ハイパフォーマーの中には、自分の仕事ぶりを言葉で説明するのが苦手な人もいます。そのような場合、少し時間はかかりますが、ハイパフォーマーの仕事を「観察」するとよいでしょう。他の社員と比べてどんな点で優れているのか、客観的に把握することができます。

インタビューと観察を組み合わせれば、より効果的な情報収集ができるでしょう。

ハイパフォーマー本人の「語り」と実際の「振る舞い」とを突き合わせるのです。

❷ビジネスプロセスから要件を考える

1つ目のアプローチが「人」をベースに考えたのに対して、今度は「事業」をベースに考えます。

はじめに、自社のビジネスプロセスを分解します。次に分解した各プロセスにおいて、「自社の強みは何か」を考えます。

例えば、ある会社のビジネスプロセスを「購買」「製造」「広報」「物流」「販売」という要素に分解したとしましょう。「購買」で素材を仕入れ、「製造」で商品を作り、「広報」で宣伝しつつ、「物流」で店に商品を送り、「販売」で顧客に売る。そして、この会社は「販売」において、「顧客と本音で話し合える信頼関係を結ぶ能力」が、他社より秀でているからこそ競争に勝てているとします。

この場合、「他者と深い関係を作る能力」を必須要件に含めるのが妥当です。

このように、**ビジネスプロセスから人材要件を考えると、「他社との競争に勝つために必要な能力」を導き出せるのです。**

この方法をとる際に重要なのは、現場や経営層と膝をつめて話し合うことです。そうすれば人事と経営との距離が近づく上、現場も経営層も納得できる能力を定義することができます。また、具体的に議論するために、「うちの会社でいうと、誰がその能力をもっているか」を検討するとよいでしょう。人事と経営の双方が知っている人物をあげることで、認識のズレを最小化できます。

情報収集においては、「言葉の定義」に注意しましょう。言葉は使い手によって意味が異なります。

例えば、ハイパフォーマーが「仕事に重要なのはコミュニケーション能力」と述べたとします。ここでいう「コミュニケーション能力」が「初対面の相手でもすぐに打ち解けられる能力」なのか、「相手の本音を引き出す能力」なのかでは、まるで意味が違います。その言葉がどんな意味で使われているかを、そのつど確認しましょう。

同じ言葉を違う意味で捉えながら人材要件の定義をしていては、採用は上手くいきません。採用に関わる人みなが、「人材要件」について共通の認識をもつことが大事です。

人材要件を定義する（例）

社内インタビュー&アンケート

- 他者の話を傾聴することが大切。流暢《りゅうちょう》に話ができる必要はない。
- 自社を第一希望に考えて入社した社員でなくても、活躍している。

経営者

- 「分析」の能力をもっていると、早く戦力になりやすい。
- 「素直さ」や「愛嬌」があれば、職場のメンバーにかわいがってもらえる。

ハイパフォーマー

- 「分析」の能力は、入社時になくとも適応はできる。
- 周囲に配慮せず主張する人は、顧客と信頼関係を築けない。
- 「素直さ」がないと、孤立してしまう。

現場

ここから導き出されるのは……

人材要件の決定

必須要件
素直さ
人の意見を受け入れる姿勢があると、職場のメンバーにかわいがってもらえる。

優秀要件
分析の能力
入社時になくても会社に適応できるが、あると早く戦力になる。

求める人物像

ネガティブ要件
思いやりの欠如
自分の利益を重視し、相手の立場で考えられない人は、顧客との信頼関係を築けない。

不問要件
志望度
自社に対する志望度が高くなくても、活躍できる。

採用の心得③

「採用力」を身につけよう

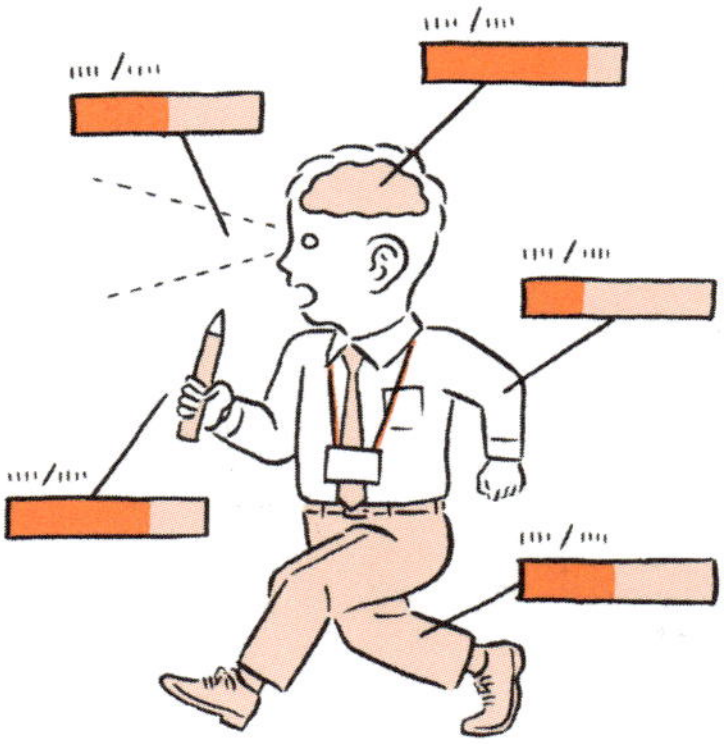

企業と求職者にとって最適なマッチングを実現するために必要なのは、自社に合った人材を獲得する工夫を続けることではないでしょうか。

その工夫の主役は「採用担当者」です。採用担当者が自身の知識や能力を磨いていくことで、採用の成果を引き上げることができるのです。

採用力アップで理想の採用成果に近づく

採用活動を終えたとき、企業にとって「人材要件にかなった人材が採用できている状態」、求職者にとっては「自身の成長や活躍が果たせる企業に入社できている状態」が、理想の採用結果といえます。もし、そんな理想の状態が多くの企業で達成できていれば、社会全体で最適なマッチング（企業も求職者も最高の相手を見つけられていること）を達成することができるでしょう。

そのためには、適切な考え方に基づいて、採用活動の各フェーズを設計し、実行していかなければなりません。

この「適切な考え方」にあたるものを、私たちは「採用力」として定義しています。「採用力」とは、私たちが理事を務める「一般社団法人 日本採用力検定協会」が、有識者へのインタビューや採用担当者・経営層に対する大規模アンケートを通じて、採用活動に必要なチカラを定式化したものです。**よりよい採用の成果を引き寄せるためには、各社の採用担当者の「採用力」を向上させていく必要があります。**採用力を身につければ、企業と求職者の双方が理想とする状態に近づくことができるでしょう。

採用力は、各社が採るべき人材を効率的に採用するために必要な17のチカラのことです。マインド（姿勢）、ナレッジ（知識）、スキル（技能）、アクション（行動）、パースペクティブ（視座）の5カテゴリーに大きく分けられます（↓P.243）。

一連の調査の中で、採用担当者の採用力が高い企業は、高い採用の成果を得ていることがわかっています。採用力を身につけることで、自社の採用の成果を引き上げることができるのです。

本書は、採用担当者の採用力向上の助けとなるような、本質的かつ基礎的な知識を提供するものです。

ここでいう「本質的」とは、本当に必要な知識を意味します。採用の世界には、暗黙のうちに信じられている「常識」がたくさんありますが、その中には、ネガティブな結果を招くものがあります。本書では、そのような常識を根拠をもって批判し、その上で有効な考え方を紹介していきます。そして「基礎的」とは、この点を押さえれば安定した成果が得られるという事柄のことです。

本書で採用力すべてを紹介するのは難しいため、最も基本的で、まずは身につけておきたい6つの採用力をとり上げています。それぞれ次のページから見ていきましょう。

本書で身につく採用力

本書を読むことで、特に身につく6つの採用力を紹介します。

採用力 1

採用の語彙《ごい》

採用に関する言葉を豊富に持っていること

この能力が高ければ、自社がどんな「社風」を持つ会社なのかを伝えやすくなります。社風は、言葉で説明するのが難しいものです。例えば、「当社は『革新性』(常に新しいことを求めている程度)と『集団志向』(集団行動を重視している程度)が高い社風です」と説明できれば、求職者も社風を理解しやすくなります。

＼ここをチェック／

採用の語彙を身につけるためのポイントは、本書全般にわたってちりばめられています。本書は採用について詳細に解説しており、採用を語る言葉が無数に登場しています。

採用力 2

労働市場の動向

求職者の心理を理解していること

労働市場の動向がわかっていないと、善かれと思って実施したことであっても、求職者のニーズを読み間違えるおそれがあります。その時々の求職者の置かれた状況、行動、心理を踏まえた上で採用を進めれば、採用が成功する可能性が高まります。

＼ここをチェック／

本書では、全体を通して求職者の心理・行動について触れています。各採用プロセスにおいて、求職者は何を考え、どう動いているのかを理解することは、採用を有効に進める上で役に立つでしょう。

本書には、採用担当者の採用力を向上させるための知識がふんだんに盛り込まれています。採用力を磨いて、採用の成果を上げましょう

採用力 3

見極める

自社の選考を受けに来た人を適切に評価・選抜すること

どんな人でも先入観や偏見をもっているため、求職者の能力や期待を適切に見極めることは難しいものです。見極めの能力が高ければ、採用面接において人材を客観的に選抜できるようになります。人材要件に沿った求職者を採用するためにも、見極める能力は欠かすことができません。

\ここをチェック/

Chapter 3では、企業のよくない思い込みへの対策を説明しています（→P.120〜130／P.144〜154／P.156〜166）。ここを読むことで、見極めの精度を上げるヒントが得られるでしょう。

採用力 4

惹きつける

自社の選考を受けに来た人の志望度が上がるように働きかけること

採用において、企業は応募者を選ぶと同時に、応募者に選んでもらっています。応募者に自社を選んでもらうためには、自社を就職・転職先として魅力的に感じてもらう必要があります。応募者の価値観を踏まえて、入社意欲を高めていくことができれば、応募者は自社を選んでくれるでしょう。

\ここをチェック/

Chapter 3で応募者を惹きつけ、志望動機を形成するための方法を紹介しています（→P.144〜154）。またChapter 4では、内定承諾を得るための施策について述べています（→P.190〜）。

採用力 5

企業最適

自社にとって望ましい採用を考えること

採用は採用人数を充足するためにするわけではありません。自社の事業を成長・維持するために実施するものです。企業最適の視座をもつことができれば、自社全体にとって有益性の高い採用活動を展開できるでしょう。採用の成果を企業の成果につなげるためにも、企業最適の視座が求められます。

＼ここをチェック／
Chapter 5では、Chapter 4までの内容を踏まえて、自社に合った採用方針を検討する方法を紹介しています(→P.217～)。

採用力 6

社会最適

社会全体にとって望ましい採用を考えること

残念なことに、高圧的な態度で求職者に接したり、求職者の時間を過度に奪ったりと、求職者にとってよからぬ影響を与える企業もあります。求職者に不利益を与えるような採用は問題です。採用は社会的な活動です。社会に与える影響をイメージし、求職者にとっても企業にとっても公正な採用を目指すことが大切です。

＼ここをチェック／
採用プロセスの中で、求職者の負荷が大きくなりやすいのは、募集フェーズとフォローフェーズです。それらのフェーズに横たわる誤った常識を、Chapter 2とChapter 4で指摘しています。

※5カテゴリー・17コすべての採用力については、P.243～247で解説しています。

育成を前提とした採用が求める採用力

採用見聞録 01

　わが国における若者の採用は、新規学卒採用が中心です。この採用方法は、入社後に一人前の職業人に育成するという暗黙の契約を組み込んだ「育成前提の採用」です。このしくみこそ、日本型人事管理のコアであり、年功賃金、終身雇用などは、これを前提に形成されています。

　現在、就活ルールの見直しが注目されていますが、単に年間を通して新規学卒者の採用活動が行われるようになるだけなら、入社後に社内で育成するという人事管理のコアに変化はないでしょう。しかし、そうではなく、年間を通して「若い経験者」を採用することを、通年採用と定義するのであれば、いまの中途採用と同じ基準と視点で若者の採用を行わなければなりません。

　国際的に見て、若者の失業率が極めて低いという現状を考えると、わが国の「育成前提の採用」は、これからも維持すべきだと考えます。しかし、いまの採用ルールが変わる必要がないとも考えていません。

　なぜなら、組織が拡大する中で、社員が新しい仕事に挑戦し、能力を伸ばすチャンスを得ることが容易であった時代と異なり、現代の多くの企業では、社員にキャリアを形成する機会を長期にわたって提供することが難しくなっているからです。

　こうした現状にあるにもかかわらず、従来型の採用方法を維持するとなれば、若者は将来のキャリアに失望し、企業は不満を抱えた多くの社員を十分に活用できなくなるでしょう。その結果、社会的に人材の最適配置が阻害されるという問題が深刻化していくと考えられます。

　つまり、いまの日本企業に求められているのは、経営の方向に合う若者を的確に採用し、「育成前提の採用」のレベルアップを図ることです。

　企業の採用力アップを求める背景に、このような日本型人事管理の将来を左右する深刻な問題があることを、理解してほしいと思います。

今野 浩一郎（いまの こういちろう）

1946年生まれ。1973年、東京工業大学大学院理工学研究科（経営工学専攻）修士修了。神奈川大学、東京学芸大学を経て学習院大学教授。現在は学習院大学名誉教授、学習院さくらアカデミー長。著書には『マネジメントテキスト―人事管理入門』（日本経済新聞出版社）、『正社員消滅時代の人事改革』（日本経済新聞出版社）、『高齢社員の人事管理』（中央経済社）などがある。

Chapter

2

募集編

求職者を集める

Chapter 2では、募集フェーズについて解説します。募集の流れに沿って、以下の5つの観点を提供しますので、募集フェーズの精度を向上させるヒントにしてください。

❶採用サイトの作り方
❷会社説明会の行い方
❸エントリーに対する態度
❹エントリーシートの扱い方
❺自社の見せ方

募集の流れ

企業は採用サイトを使って、自社の情報を発信します。求職者は採用サイトを見て、気になる企業の「会社説明会」に参加し、「選考を受けてみたい」となったら、その会社にエントリーします。これが一般的な募集フェーズの流れです。

募集要項と、
仕事内容はもちろん、
先輩社員の活躍…
あと社長のメッセージも
載せよう！

求人情報を出す

例
- 採用サイトを設置する
- ナビサイトに求人情報を掲載する

企業が目指すこと

求職者を自社の採用プロセスに参加させる

求人情報を検索する

ココって、
何している
会社なのかな？

求職者が目指すこと

企業の採用プロセスに参加する

※本書では、ナビサイトや自社の採用サイトを総称して「採用サイト」と呼びます。

現在の採用で、企業と求職者がどういった心理で活動しているのかを示しています。このページを見て、双方の各時点での思惑の違いを理解してください。ただし、企業側の心理の中には、必ずしも適切ではないものも含まれています(本チャプターを参照)。この通りに進めればよいというものではありません

働いていて、よかったことを伝えるか

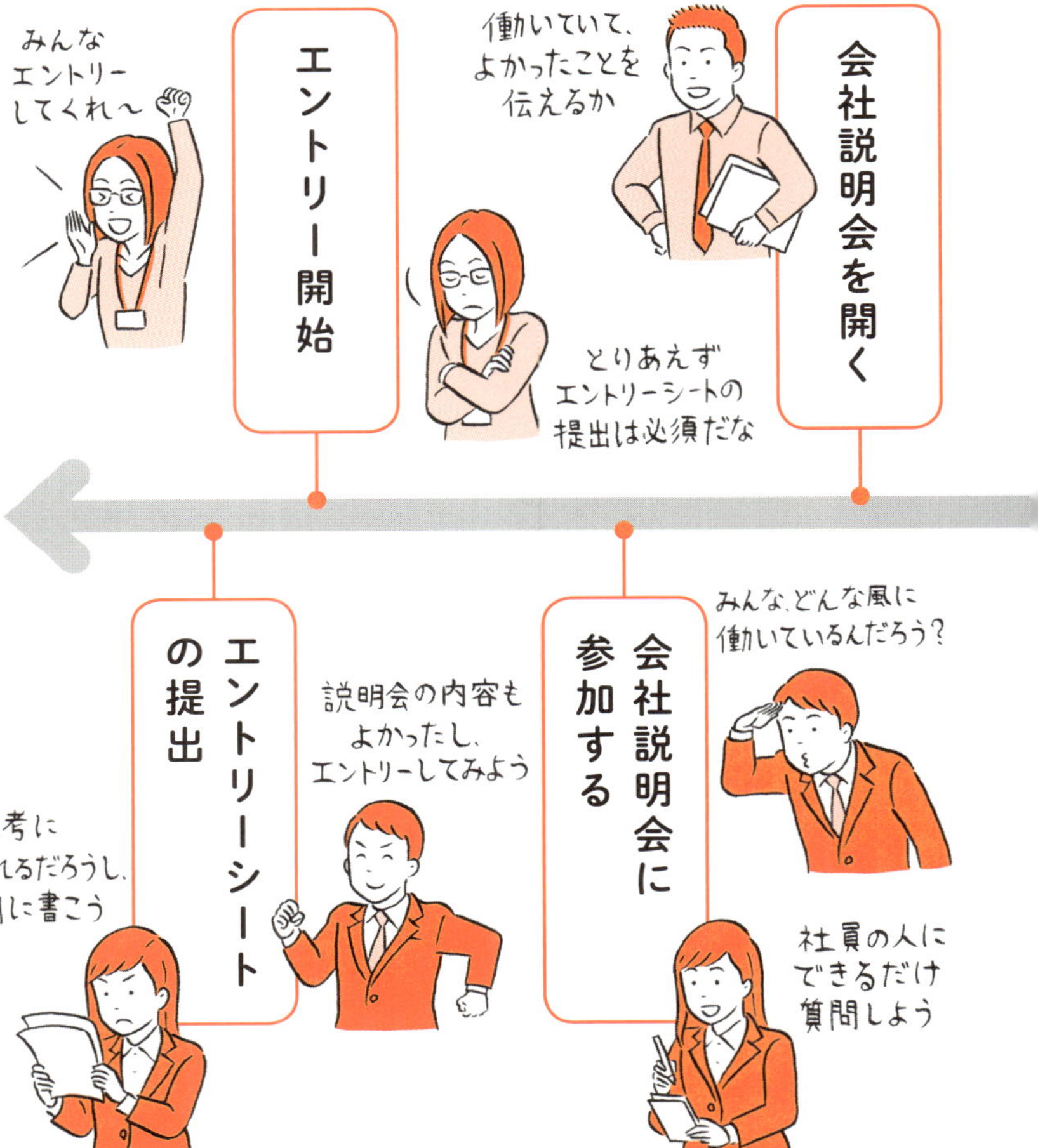
みんな、どんな風に働いているんだろう?
社員の人にできるだけ質問しよう
説明会の内容もよかったし、エントリーしてみよう
選考に使われるだろうし、真剣に書こう

これって常識？

採用サイトにはいろいろな情報を載せるべき？

毎年、採用の時期になると、ユニークな採用サイトが登場します。「こんな見せ方があるのか」と驚《おどろ》きながら、目をとめる採用担当者も多いはずです。

採用サイトを見る求職者に自社を魅力的に感じてもらうべく、多くのコンテンツが盛り込まれている事例を目にします。実際、採用サイトにはいろいろな情報を載せるほうがよいのでしょうか？

採用サイトに掲載される情報（例）

- 会社のビジョン
- 経営者の挨拶
- 事業内容
- 社史
- 会社の実績
- 環境活動・社会活動
- 社員インタビュー
- 社員の１日の過ごし方（年齢別、性別に）
- 社員同士の座談会
- 募集要項
- 採用の流れ
- 求める人物像
- 研修体制の説明
- 福利厚生の紹介

など

採用サイトには情報が盛りだくさん

採用サイトには、どのような情報が掲載されているのでしょうか。

ネットを見てみると、いろいろな採用サイトに出会います。社員の１日の過ごし方を、年齢や性別に応じて複数のパターンを示しているページや、社員の様子を知ってもらうための、社員インタビューや社員同士の座談会のページも見られます。会社のビジョンや何を大切にしているのか、経営者の肖像写真とともに挨拶が示されることもあります。

採用する側からすれば、「事業内容も知っておいてもらったほうがいいし、それを図で表現したほうがわかりやすいだろう」「社史も載せておいたほうがいいかな」「今のご時世、福利厚生の制度を紹介するページは必須だろうし、研修体制の説明もぬかりなく行おう」「採用の流れも説明しておかなきゃ」「必要とされる人材像も掲げておけば親切だろうな……」などと、必要と思える情報が浮かんできます。企業は採用サイトを作るにあたって、自社に関するさまざまな情報を、求職者にできる限り理解してもらいたいと考えます。こうして情報が盛りだくさんの採用サイトが作り出されていくのです。

採用サイトは読み込まれていない

ところが、採用サイトを充実させようとする企業の努力とは裏腹に、求職者はそこまで採用サイトを読み込んでいません。「そんなはずはない」と思う人もいるかもしれません。これから働こうとしている人が採用サイトを読み込まないというのはどういうことでしょうか。

人は情報との「心理的距離」が近いときに、その情報を読み込む傾向があります。心理的距離とは、どれだけ身近に感じるか、必要なことと感じているかなど、他者への関心度を測るときに用いられるものです。関心をもっているほど心理的距離が近いといえます。

「採用」に当てはめて考えてみると、心理的距離とは「求職者がどれほどその企業に関心をもっているか」ということです。関心をもっている企業の採用サイトであれば、求職者はしっかり読むというわけです。

ところが、**求職者が採用サイトを見るのは、就職活動の初期段階です。つまり、企業と求職者の心理的距離が近いとはいえない段階で、求職者は採用サイトを見ているのです。**

とりわけ新規学卒者の場合、就職活動に入る前から興味がある会社というのは、名前を知っている会社だったり、親や周囲の人に勧められる会社だったりします。**有名な企業の採用サイトは丁寧に読むけれども、そうでない企業はそれほど読み込まれない可能性が高いのです。**

だからこそ、知名度の低い企業は、「自社に関心をもってほしい」「理解してほしい」といった気持ちから採用サイトにたくさんの情報を載せて、求職者との心理的距離を縮めようとするのですが、その情熱が空回りしてしまっている現状があります。

求職者は会社説明会に参加するかどうか、あるいはエントリー(※1)するかどうかを考えるために採用サイトを見ます。これは、その会社を知ろうとする最初の一歩にすぎません。求職者は気軽なモードで採用サイトを見ており、そこまで真剣に読み込

※1 **エントリー**：求職者が企業の採用プロセスに参加する意思を示すこと。採用サイトに自分の情報を登録する方法が一般的。

んでいないのです。

採用サイトの内容が頭に残らないことも

ある熱心な採用担当者がいました。その担当者は、「自社に興味をもってもらいたい」「働いている社員の視点、経営者の視点、社会的な視点など、さまざまな面から自社を理解してもらいたい」と、いろいろな情報を盛り込んだ採用サイトを作りました。しかし、採用サイトの内容は選考にエントリーした人だけでなく、内定を受けた人の記憶にさえ、ほとんど残っていませんでした。

内定者は、確かに採用サイトを見ていましたが、「文章や写真を見て、企業のことを知るのもいいけれど、説明会で話を聞くほうが理解しやすい」と考え、採用サイトを流し読みしていたため、内容が記憶に残っていなかったのです。

求職者が採用サイトを読むときの視線は、新聞を読むときの視線に近いかもしれません。新聞を一字一句、前から順番に最後まで読む人は少ないでしょう。まずは見出しをざっと見る。もし気になったものを見つけたら、最初の数行を読んでみる、としているはずです。求職者も同様に、会社名や採用コンセプトなどを一目見て、気になったら、見出しや強調されている言葉を目で追いかけ、関心を持ったときにエントリーをしているのです。

採用サイトの他にも、説明会や面接など、求職者と企業との心理的距離を縮める機会はあります。ゆえに企業は、採用サイトを精読している求職者はあまりいないという前提のもとに、採用サイトのコンテンツを検討する必要があるのです。

まとめ

- 採用サイトには多くの情報が盛り込まれることが多い。
- 心理的距離が近ければ、求職者は採用サイトの内容をしっかり読む。
- 採用サイトが閲覧されるのは、あまり心理的距離の近くない採用初期であることが多いため、採用サイトを作り込んでも、内容が求職者に十分に伝わらない。
- 「採用サイトを読み込む求職者は少ない」という前提で、採用サイトのコンテンツを考える必要がある。

採用サイトに掲載する情報を絞り込もう

採用担当者は自社のことをアピールするために、採用サイトに多くの情報を載せようとします。しかし、心理的距離が縮まっていない採用初期においては、採用サイトの内容は読み飛ばされやすい傾向にあります。

したがって、漫然《まんぜん》と多くの情報を掲載するのではなく、情報を絞り込み、その出し方を工夫しないことには、採用サイトは上手く機能しないのです。

採用サイトのゴールを考えて、採用サイトを設けよう

心理的距離が縮まっていない採用初期の段階でも、求職者に読んでもらえるような採用サイトにするためには、まず「採用サイトを設置する目的」を考えなければなりません。

「どこも採用サイトを作っているから、うちも……」というような考えで作ったサイトを、求職者が熱心に読み込む可能性は低いでしょう。また、採用サイトが「会社のパンフレット代わり」や「説明会の補助資料」のような作りになっているのをよく見かけますが、本当にそれで採用サイトとしての目的を満たしているのでしょうか。

「採用サイトの目的を考えましょう」といわれても、いろいろな目的が出てきて混乱してしまうかもしれません。**そのようなときは、「採用サイトを見た求職者に何をしてほしいのか」を考えてみてください。**

よくあるのは、「求職者が採用サイトを見て会社説明会に申し込む」ことを採用サイトの目的と考えて、サイト全体を構築し、具体的なコンテンツを考えることです。

求職者から見れば、採用サイトの閲覧は採用までの道のりの「スタート地点」にすぎません。**より重要な情報は説明会に参加して、その会社の社員と触れ合う中で収集**

しようと考えています。ゆえに、説明会のようにリアルでの接触が伴う場所に求職者を呼び込める採用サイト作りが大事になります。

求職者を説明会に呼び込んだ成功例

ある企業は新卒採用のときに、採用サイトに「当社の説明会に来れば、当社への理解が深まるだけではなく、就職活動に広く生きる知識が得られる」と書いていました。志望度の高くない求職者にも「就職活動に生きるなら参加してみようか」と、説明会に足を運んでもらうことを狙ったのです。

別の企業では、説明会に参加する社員のプロフィールを、採用サイトに掲載していました。どんな事業に関わり、どんな能力をもっている人物なのかといった基本情報です。結果、その会社に興味がなかった求職者にも、「この事業のことを聞きたい」「この人の働き方に興味あるかも」「このスキルを身につけるためにはどうしたらいいのか」と関心が生まれ、説明会に呼び込むことに成功しました。

コンテンツを取捨選択することが重要

「求職者に説明会に来てもらうこと」を採用サイトの目的としたら、次にコンテンツ案の作成に入りましょう。何を入れるかは、企業ごとの考えや事情によって取捨選択することになります。掲載する情報は、採用したい人に説明会に来てもらうために重要度の高いものを2つか3つとするとよいでしょう。それ以外は、思い切って「掲載しない」と決めます。

説明会に招く求職者の人数に限りがあるのであれば、ポジティブな言葉を並べるだけでなく、働く上での現実を書くことも重要です。それによって、真剣度の高い人が説明会に来てくれるようになるからです。

さらに、説明会では経営者が登壇して、自社をアピールすることが望ましいといえます。それが難しい場合は、採用サイトに経営者からのメッセージを掲載したり、企業理念を理解できるコンテンツを含めたりすることをおすすめします。

採用サイトは説明会に申し込んでもらうためのツールと考える

採用初期でも
求職者に読んでもらえる
採用サイトにしよう。

求職者が会社説明会に
申し込むことを、採用サイトの
目的と考えよう。

重要度の高いコンテンツに絞り、
それ以外のコンテンツは
載せないようにしよう。

プロが教える！

採用力アップのためのヒント

ナビサイトと自社の採用ページ

インターネット上で求人情報を扱っているナビサイトには、何万社もの企業情報が掲載されています。一昔前までは雑誌形式の求人情報誌もありましたが、現在ではそのほとんどがインターネットメディアに姿を変えています。

紙の情報誌の時代には、腕利《うでき》きのライターやメディア編集者が、掲載企業の特徴を読者にわかりやすく伝えるための工夫をこらしたものです。しかし、インターネットにあるナビサイトではケタ外れに膨大な情報を掲載することが可能となり、１社１社の特徴をわかりやすく表現することが難しくなってきました。これまでの「読ませる」「理解させる」という役割から、とりあえず「クリック数やエントリー数を増やす」という役割に変化しているからです。

企業はこのことを理解した上で、ナビサイトを利用する必要があります。つまり、ナビサイトで集まった人たちは「とりあえず」の可能性が高いわけです。

そんなこともあって、自社がオリジナルで作成する採用ページの重要度が大いに増しています。経営者のメッセージや会社のこれまでとこれから、従業員の働く姿、そこからイメージされる自分が入社した後の姿……。自社の「らしさ」を表現し、「とりあえず」から「ぜひ詳しく知りたい」に変化させるのが、自社の採用ページの役割です。今一度、あなたの会社のホームページを求職者の視点から見直してみましょう。それと同時に、採用を上手にやっているライバル企業のホームページをウオッチしてみましょう。きっと、改善しなければならない部分がたくさん見つかることと思います。

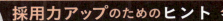

これって常識？

説明会はプレゼンテーションが命？

合同企業説明会の会場を回ると、他社のプレゼンテーションが気になります。他社の上手なプレゼンテーションを見て、うらやましく感じたり、落ち込んだりすることもあるかもしれません。求職者に自社のことを魅力的に見せたい。そう思って、プレゼンテーションの研修を受ける人もいます。

ですが、はたして採用担当者が上手なプレゼンテーションを行う必要があるのでしょうか。

なぜプレゼンテーションに注力するのか？

なぜ、プレゼンテーションのスキルを磨こうとする採用担当者が多いのでしょうか。それは、「会社説明会で求職者に興味をもってもらいたい」からです。

採用担当者は、「説明会に参加した求職者に自社の面接に進んでほしい」と考えています。説明会まで呼び込むことができたのに、「つまらないプレゼンテーションを見せたら、それまでの努力が無駄になるし、面接に進む求職者が一定数いなければ採用予定人数を充足できない」と心配しています。**こうした「不安」と「焦り」がプレゼンテーションに注力する背景にあるのです。**

確かに採用に限らず、よいプレゼンテーションは人の心を動かします。そして、人を次のアクションに向かわせることもできます。

その意味で、採用担当者が「上手なプレゼンテーションをして、たくさんの求職者に選考に参加してもらおう」と考えるのは、自然なことといえます。

時間が無限にあれば、プレゼンテーション能力を磨く時間を設けてもよいでしょう。しかし現実には、採用担当者はさまざまな仕事を抱えています。そんな中、プレゼンテーションの上達に時間を振り分けてよいのでしょうか。

上手なプレゼンがもたらすリアリティ・ショック

過大な期待をもって入社した社員は、
会社の現実を知って精神的なショックを受けてしまう。

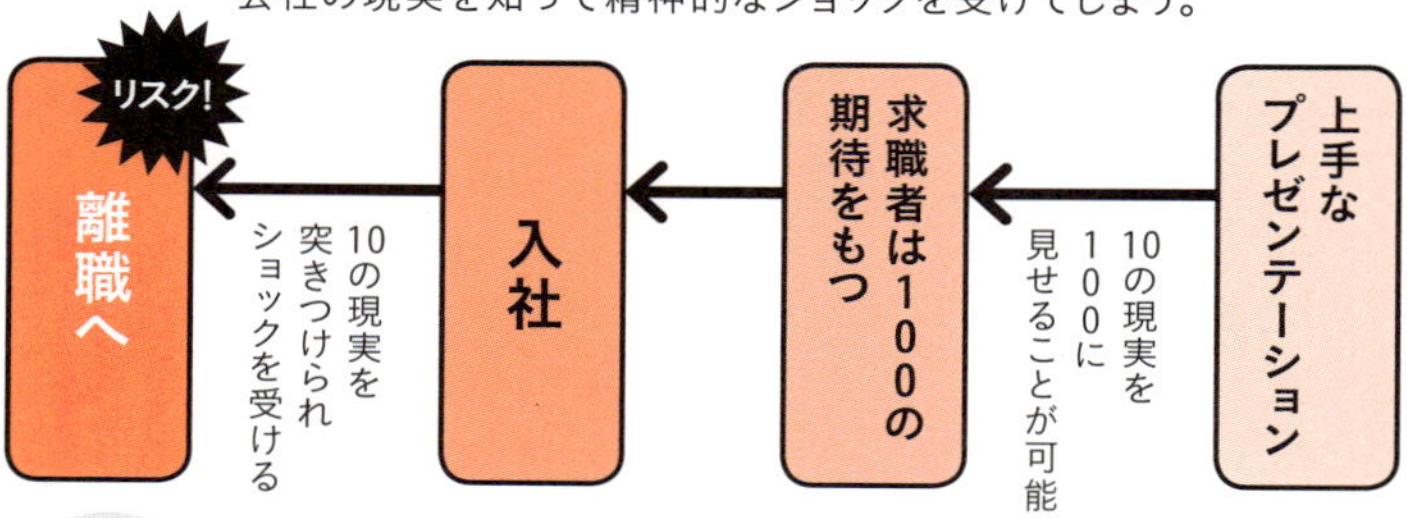

プレゼンテーションスキルを
そこまで気にする必要はないでしょう

プレゼンテーションは リアリティ・ショックの元凶に

自社の姿を大きく見せるせるプレゼンテーションは、危険ですらあります。なぜなら、「上手なプレゼンテーション」には2つのリスクがあるからです。

❶「求職者の期待」と「会社の現実」とのギャップ

10の現実を上手なプレゼンテーションで100に見せたとしましょう。これは一見成功事例のように感じますが、このプレゼンテーションを鵜呑《うの》みにした求職者は、会社に100の期待をします。すると、どうなるでしょう。

入社までたどりついた新入社員は、必然的に10の現実を目の当たりにすることになります。10

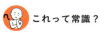

0の期待と10の現実とのギャップ。このギャップに新入社員は衝撃を受けます。この心理を「リアリティ・ショック」と呼びます。**リアリティ・ショックが強いと、入社前に思い描いていた仕事や職場環境のイメージと、実際に現場で経験したこととのギャップを消化しきれず、離職のリスクが高まります。**

❷「採用担当者の姿」と「現実の業務」とのギャップ

魅力的なプレゼンテーションを行う採用担当者を見て、「あの人みたいに私も働きたい。だからこの会社を受けよう」と思う求職者も出てくるでしょう。

しかし、会社の業務でプレゼンテーションをするような場がないこともあります。上手なプレゼンテーションを見て、華やかなイメージをもって入社した社員は、現実を前にやはりリアリティ・ショックを感じてしまいます。

採用担当者が魅力的なのは悪いことではありませんが、その人の姿がその会社のすべてだと思われてしまうリスクがあるのです。

プレゼンテーションはそもそも聞かれていない

根本的なことをお伝えしましょう。**そもそも、説明会における採用担当者の話はそれほど熱心に聞かれてはいません。**

私たちがコンサルティングした企業の事例を紹介しましょう。

その会社の採用担当者はプレゼンテーション研修を受け、自信満々で説明会に臨《のぞ》んでいました。

説明会の後、私たちは採用の課題点を抽出するため、説明会に参加した求職者にリサーチを行いました。そこで求職者に共通していたのは、次のような声でした。

「私たちに対して、熱心に事業や業務のことを伝えてくれようとしているのはわかりました。でも、ウェブサイトに書かれている内容を繰り返していたので、ウェブサイトを読めばわかるのに、と思いました」

さらに、「人事の人の話はあまり覚えていません」という求職者さえいました。

では、いったい求職者は会社説明会で何を見ていたのでしょうか。

求職者は「人」を見て社風を理解しようとする

説明会後のリサーチで、求職者の共通項としてあげられたのは、「求職者は『人』を見ている」ということです。説明会に参加した求職者はその会社の社員を観察し、そこから「社風」を理解しようと努めていたのです。中には、「社員同士のコミュニケーション」を注意深く見ている求職者もいました。

複数の社員が登壇すると、社員の間で自然なやりとりが生まれます。そうしたやりとりを見て、普段の社風をうかがおうとしていたのです。

求職者が「人」を見て「社風」を理解しようとしているのだとすれば、説明会をその望みをかなえられるような場にしたほうがよいのではないでしょうか。

まとめ

- たくさんの求職者に興味をもってもらうため、プレゼンテーションスキルを磨く採用担当者がいる。
- 現実を誇張するプレゼンテーションは、求職者のリアリティ・ショックを引き起こす。
- 求職者は採用担当者のプレゼンテーションの上手さではなく、説明会に現れる社員を観察して、社風を知ろうとしている。

これが常識！

説明会では「求職者とのやりとり」を社員と大事にしよう

説明会にいる社員を見て、求職者はその会社の風土を理解しようと努めています。

それに対して、プレゼンテーションという一方通行のコミュニケーションは有効ではありません。

自社の現実をある程度知ってもらった上で、選考に進んでもらいたいと望むなら、求職者と社員が語り合える場を設けたほうがよいでしょう。

求職者は入社後のイメージをつかみたがっている

就職活動中の求職者を対象に「説明会を終えて感じたこと」についてインタビューを行ったところ、**求職者は口をそろえて「説明会では『人事』の話よりも、『現場で働く社員』の話が聞きたい」と言っていました。** さらには、現場社員の「話の内容」もさることながら、「話しぶり」を見て、「自分に合った社風の会社だ」と入社意欲を高めた求職者もいました。

求職者は説明会で、「自分が仮にその会社に入社したら、自分を取り巻く状況はどんなものになるか」をできる限りイメージしようとしているのです。

入社後に人事部に配属されることが決まっているのなら、問題ありません。しかし、大半の求職者はそうではないでしょう。だとすれば、人事の話よりも、自分の未来を予測するのに役に立つ「現場で働く社員の話」に耳を傾けたいと思うのは、自然な心理です。

求職者は現場で働く社員の様子を見ながら、自分がその会社で働いたらどうなるのか、それは自分にとってよい未来かを検討したいのです。

このような求職者の心理を理解すれば、「プレゼンテーション」という形式自体が求職者のニーズとズレていることに気がつくでしょう。

求職者は現場社員との自然な会話を通じて、その会社の情報を得ることを望んでいます。それゆえ、その場の即興《そっきょう》的な「やりとり」を好む傾向にあります。

プレゼンテーションは事前に準備されたものです。あらかじめ練り込まれた一方的な発表や形式的な質疑応答から得られる情報を、求職者は重視していません。それよりも、柔軟《じゅうなん》に展開される「社員とのやりとり」のほうが、「その会社の本来の姿が見えてくる」と求職者は考えています。

説明会を「コミュニケーションの場」にする

人事よりも現場社員の話、プレゼンテーションよりも双方向のやりとり、そうした求職者のニーズを満たすための方法を紹介しましょう。

まず、採用担当者が説明会の冒頭で簡単に自己紹介を済ませます。そして、採用に関する最低限の事務的な情報を伝えて、説明を終えます。その後、求職者をオフィスに案内します。求職者が入社後に働く職場を見学してもらうのです。それから、求職者を現場社員が待機している会議スペースに誘導し、時間の許す限り、求職者と現場社員とでじかのやりとりを行ってもらいます。

こうした方法は、「説明会」という言葉が想像させるものとはいくらか異なるでしょう。何しろ説明中心ではなく、職場を「見学」し、社員と「交流」することがメインなのですから。しかし、このほうが従来の説明会よりも、会社のことを知り、入社したいという気持ちを高めることができます。

他にもいくつか、説明会の成功事例を紹介しましょう。

●会議の雰囲気、社員食堂、休憩時間の社員同士の様子などを「見学」できるようにする。
↓社内の日常を見せるほうが、社風を知りたい求職者にとってはありがたい。
●ゲームやワークショップ形式で社員との「交流」を行う。
↓求職者側と社員側の両方の緊張がほぐれる仕掛けとなる。

説明会というと、上手に情報を伝えることに注力しがちですが、**このように「人事が求職者にプレゼンテーションする場」から、「求職者が社員とコミュニケーションする場」へと変えていけば、その成果を大きく高めることができます。**

説明会を「求職者と社員がコミュニケーションをとれる場」にする

1

求職者は、人事の話より現場社員の話を聞きたがっている。

社員との「双方向のやりとり」を求めている。

2

会社説明会を「社員とコミュニケーションする場」ととらえ直す。

3

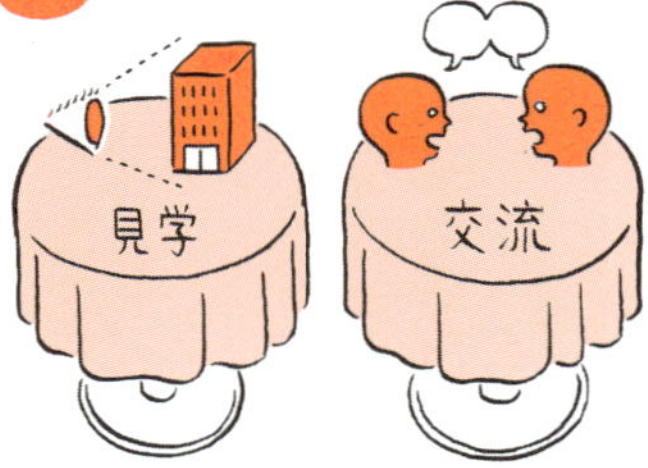

職場見学や現場社員との交流をメインにした会社説明会を設計する。

採用力アップのためのヒント

会社説明会は
だいたいツマラナイ…

就職活動を終えた学生たちに聞くと、参加した会社説明会の多くを「つまらなかった」と評します。でも困ったことに、その事実を採用担当者は知りません。仮にもあなたの会社に応募するかもしれない学生たちが「御社の説明会は面白くなかったです」と言うはずもなく、アンケートをとったとしても、「とても参考になりました」と答えることでしょう。

採用担当者は、往々《おうおう》にしてできる限りたくさんの情報を説明会で伝えようとします。あれも、これも、それもと盛りだくさんの情報を用意して、飽きさせないための涙ぐましい努力もしています。その努力を知ってか知らずか、残念ながら「説明会はつまらない」というのが多くの学生の本音です。

しかし、そんな中でも、すこぶる評判のいい会社説明会もあります。それはズバリ「説明しない説明会」です。学生に限らず、人が一方的に聞かされる情報で、後々まで印象に残せるものはせいぜい１つか２つくらいです。だったら、あれもこれも説明するなどということはハナからやめてしまう潔《いさぎよ》さも必要です。

では、何をするのか？　そもそもの目的に立ち返ってみると、その答えが見えてくるのではないでしょうか。会社説明会の目的はただ１つ。自社に適合する可能性の高い学生に本気で応募してもらうことです。「あ、この会社は自分に合ってる！　絶対受けなきゃ！」と思ってもらうことです。説明会はそのための場なのです。何をするかの答えは、みなさんの会社にあります。場合によっては、「会社説明会」という名前も変えたほうがいいかもしれませんね。

これって常識？

エントリーはとにかくたくさん集める？

多くのエントリー数を集めるため、採用担当者は大忙しで駆け回っています。新卒採用の場合、合同説明会に足を運んだり、大学の研究室を訪ねたり、キャリア支援室へ挨拶に行ったり、大学のキャリア関連講座に登壇したりと、まさに東奔西走《とうほんせいそう》です。

しかしながら、そんな努力に見合った成果を、企業は得られているといえるでしょうか。

アンケートで「有効な母集団形成策がわからない」と答えた採用担当者の割合

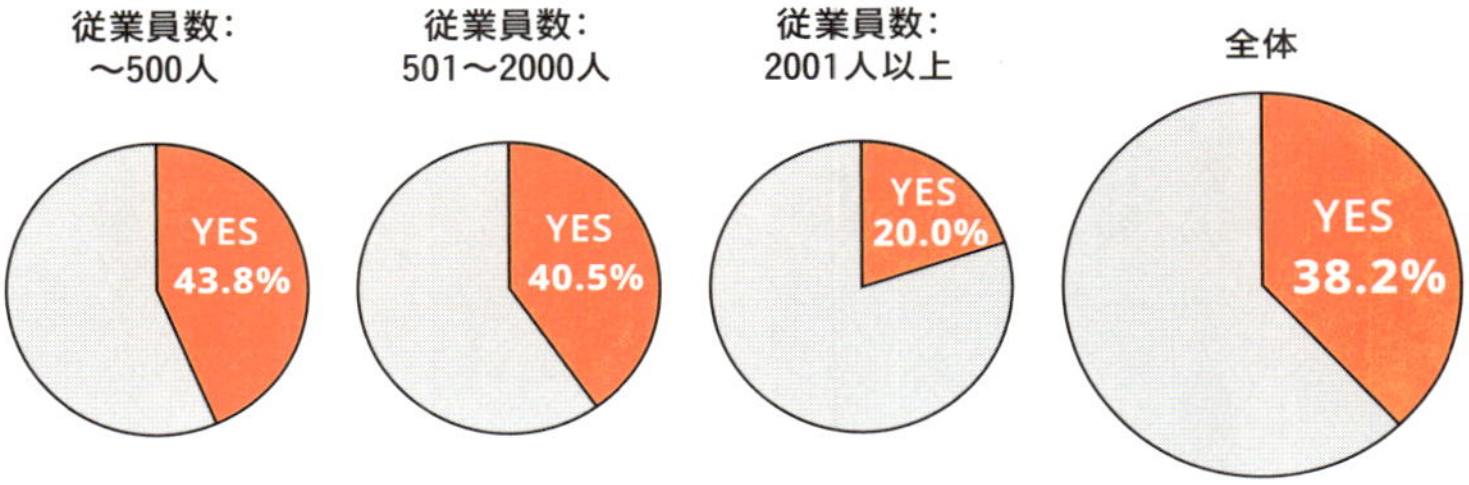

※『2018年新卒採用担当者意識調査』（株式会社ジョブウェブ／レジェンダ・コーポレーション株式会社）より

エントリーを集める有効策に悩む担当者

涙ぐましい努力にもかかわらず、「エントリー数が増えない」と悩む採用担当者は多くいます。株式会社ジョブウェブとレジェンダ・コーポレーション株式会社が２０１７年２月に実施した『２０１８年新卒採用担当者意識調査』によれば、採用担当者の38・2％が「有効な母集団形成策がわからない」ことを課題だと感じていました（上図）。ここでいう母集団（※1）とは、「自社を受ける求職者」のことを指しています。母集団（候補者群）を形成するには、エントリーが必要です。

つまり、**採用担当者の約４割が「エントリーを有効に集める方法」について悩んでいたのです。**さらに、規模が小さい企業ほど、この悩みを抱えていました。

それにしても、なぜ採用担当者は多くのエントリーを得たいと思うのでしょうか。

※1　母集団という言葉は、本来的意味においては誤用です。本書では以降、「候補者群」という言葉を用いています。

1つは、**たくさん集めたほうが自社に合う人材が候補者群に多く含まれる可能性があるからです。**自社に合う候補者が大勢集まれば、あとは選考で絞り込めばいいと考えているのです。

もう1つは、採用担当者自身が「安心感」を得たいからです。エントリーが少ないと、「本当に採用予定人数を充足できるだろうか」と不安になります。逆に、多くのエントリーが得られれば、候補者がたくさんいるように感じられ、安心するのです。

効率化が求職者の志望度を下げる結果に

しかし、たくさんエントリーを集めようとする採用は、上手くいきにくいのです。「たくさん集めてたくさん落とす場合」と「少なく集めて少なく落とす場合」とでは、前者のほうが求職者1人あたりの接触時間が短くなります。たくさんの求職者に、限られた企業側の時間を割り振るのですから当然です。

接触時間が短いと、求職者の企業に対する理解は深まりません。その企業をよく知らなければ、「この会社に入りたい」という求職者の気持ちも、なかなか育ちません。そうなると内定を出したとしても、辞退されてしまう可能性が高まります。また、企業への理解が不足していたり、入社意欲が低かったりすると、入社後のリアリティ・

ショックを引き起こす原因となり、早期離職を招くおそれがあります。以上の観点から、エントリーをたくさん集めようとする採用は、成功しにくいといえます。このことは、求職者の心理に関する調査結果からも裏づけられます（→P.72図）。

私は就職活動中の学生を対象に、「企業の対応」に関するインタビュー調査を継続的に実施しています。それらの調査において、学生は共通して「企業側の『さばく』ような対応を見ると、その企業に対する志望度が下がる」と言っています。「さばく」というのは、あらかじめ準備された機械的な対応を指します。

例えば、テンプレート化された文面のメールを受け取ったり、そのメールの受信時刻が常に12時ちょうどであったり、いつも面接の3日後の15時に連絡が来たり、電話が杓《しゃく》子《し》定《じょう》規《ぎ》なものであったりすることなどがあげられます。

企業側のそのような対応を見ると、求職者は自分たちが「尊重されていない」「ぞんざいに扱われている」と感じ、その会社に入りたい気持ちが減ってしまうのです。

この結果は、企業側にとっては悩ましいものかもしれません。なぜなら、学生が「さばく」と呼んだ対応は、企業においては採用の効率化の成果でもあるからです。

たくさんエントリーを集めるからたくさん選考しなければならない。**そのために効率化を行っているにもかかわらず、そのことが求職者の志望度を下げる理由になって**

企業と求職者の接触時間が短いと入社意欲は高まらない

ある会社を受けた求職者を、接触時間の長いグループと短いグループに分け、その会社の事業／業務／社風を理解できたと思う程度を算出した。その結果、接触時間の長いグループと短いグループとの間で、「業務理解」と「社風理解」に大きな差が見られた。

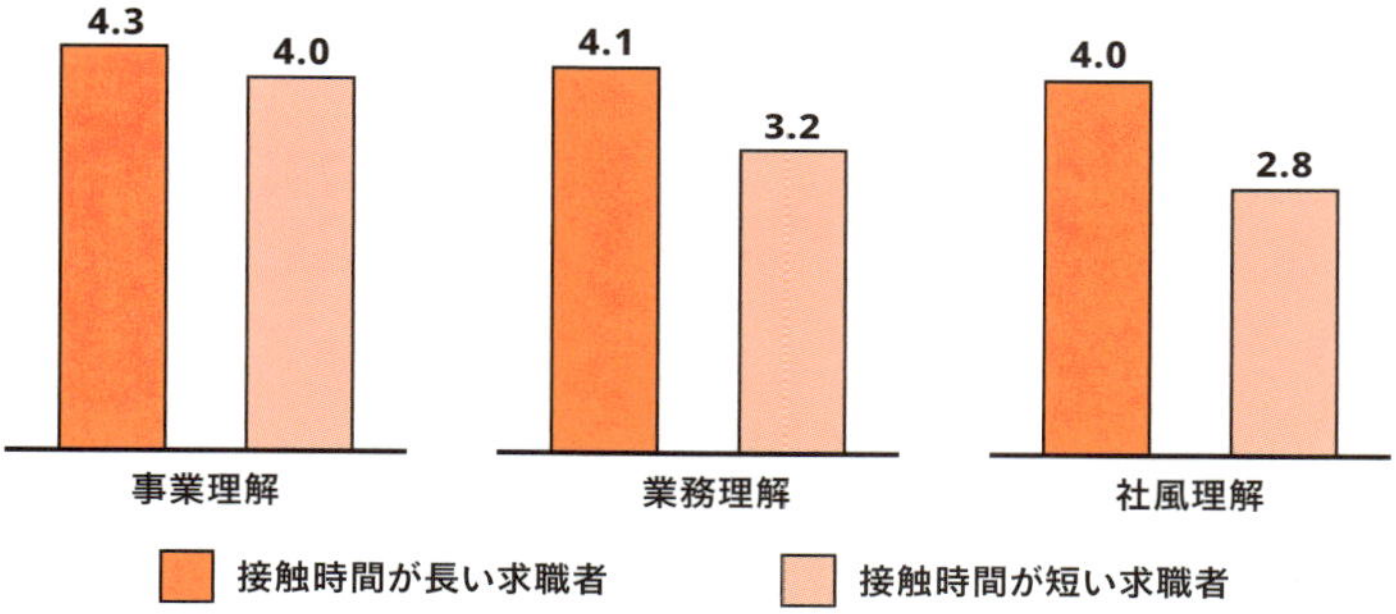

※株式会社ビジネスリサーチラボがある会社を受けた求職者（約150人）を対象に調査したデータ（各項目の回答値は1から5の値をとる。複数項目の回答値をもとに算出）。

さらに、この調査において事業理解／業務理解／社風理解と入社意欲との関係性を分析した結果、業務理解と社風理解は、入社意欲との間に「正」の関係が見られた。

「業務理解×社風理解」と「入社意欲」の相関イメージ

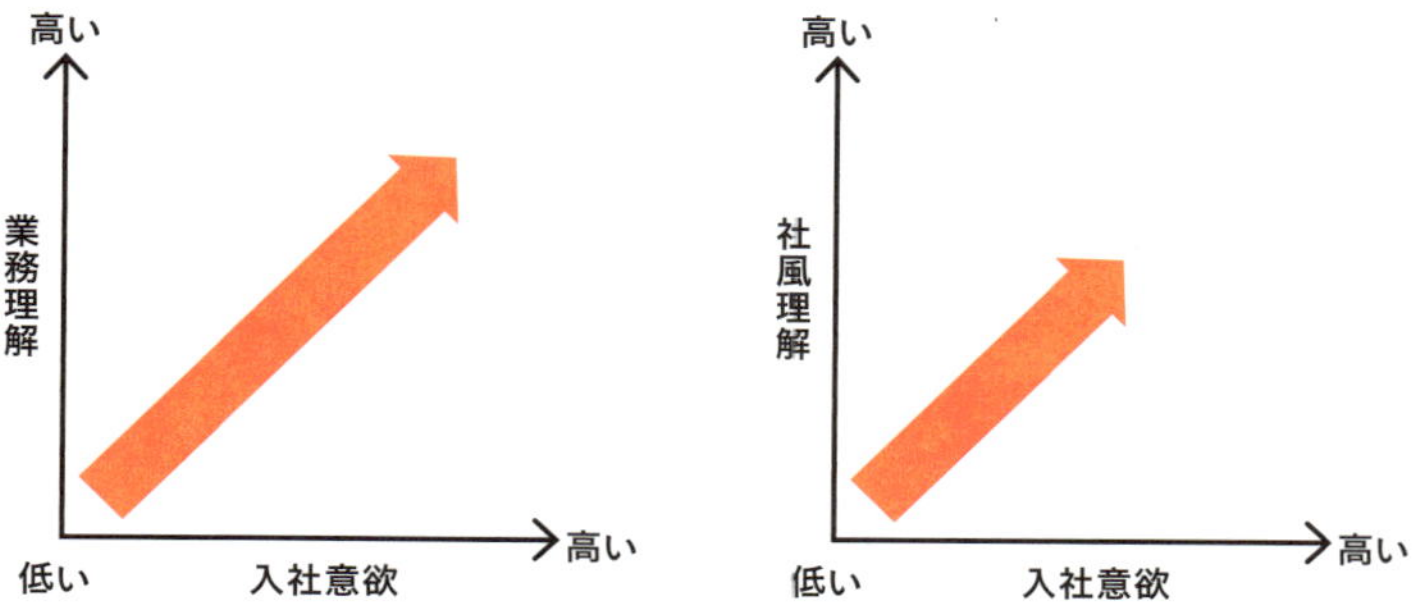

いるのです。

エントリーをたくさん集める企業が、「少しでも効率化を進めたい」と考えるのは不思議ではありません。けれども、そのことが自社の採用の成功を遠ざけているとすれば皮肉です。

企業の採用で重視すべきなのは、**エントリーをいかに集めるかではなく、「会社にとって必要な人材を採用すること」です。**その観点から、エントリーを集めるときに本当に必要なことは何かを考えてみましょう。

まとめ

- 採用担当者は、たくさんのエントリーが集まらないと採用が失敗するのではないかという不安から、エントリーを集めるために駆け回っている。
- エントリーをたくさん集めると、採用を効率化する必要がある。
- 求職者と企業の接触時間が短いと、求職者の入社意欲が高まらず、入社を決意しにくくなる。効率化された対応は、求職者の志望度を下げる原因となっている。
- エントリーを集める際に重視すべきなのは、「量」より「質」である。

これが常識！

本当に来てほしい相手に選んでもらおう

エントリーをたくさん集めることによって、企業と求職者双方の目標の1つである「入社」から遠ざかっていることは理解していただけたでしょうか。

結局のところ、エントリーが集まらないことよりも、のちのち内定辞退者や早期離職者が増えることのほうが、問題としては深刻なのです。

では、どのよう方法でエントリーを集めればよいのでしょうか。

エントリーの負荷を上げ、望む人材以外に遠慮してもらう

最終的によい人材を確保したければ、まず「どんな人に自社を受けてもらいたいか」を考えることです。

そこで、4つの観点から入社してほしい人材を定義することをおすすめします。①必須要件、②優秀要件、③ネガティブ要件、④不問条件です（→P.26）。

人材の要件を定義できたら、次は、「どうすれば必須要件をもつ人にエントリーしてもらえるか」を考えようとするかもしれません。しかし、実は全く逆の発想が有効です。

すなわち、特に必須要件をもつ人「以外」に、いかにうまく「遠慮してもらう」かを考えるのです。

必須要件をもたない人が、自ら「この会社は自分には合っていない」と判断するように仕向けます。そうすれば総エントリーのうち、「必須要件をもつ候補者の割合」が増えます。候補者群の質が上がるのです。**そのために必要なのは、エントリーに際して、求職者サイドの負荷を上げることです。**

負荷を上げる具体例について、私がコンサルティングした事例を紹介しましょう。

その企業では、「業界の未来を語れること」を必須要件の1つに設定しました。そのような人材は職場のメンバーにかわいがられ、その分だけチャンスも与えられます。その結果、一人前になるのが早いことがわかったからです。

そこで、この企業は「業界の未来を語らない／語れない／語ろうとしない」人に遠慮してもらうため、「選考では『あなたの考える業界の未来』について何度も尋《たず》ねます」と、自社の採用サイトに書きました。これにより、業界の未来を語ることにモチベーションが上がらない層のエントリーが減り、前年度比でエントリー数も減少しました。しかし、設定した人材要件に合った求職者を集めることには成功したのです。

エントリー時に求職者に負荷をかけることで、エントリーの量は小さくなりながらも、質を高めることができるということです。

負荷を上げる方法は、他にもあります。

●説明会の時間を他社よりも長めに設定する

新卒採用でも中途採用でも、求職者は忙しいものです。それを利用して、説明会の時間を他社よりも長めに設定するのです。時間の長さが負荷になり、エントリーは減るでしょう。ある程度、本気度の高い人しか受けに来なくなります。

●ネガティブな面も求職者に伝える

社内の実態について、一見ネガティブな面も求職者に伝えるのです。そうすれば、心理的なハードルが上がり、ネガティブな面にひるむ人はエントリーしなくなります。

とはいえ、「エントリーを大きく減らすのは不安」という人もいるでしょう。確かに、いきなり大きく減らすのはリスクが伴います。そこで、負荷の大きさを調整することをおすすめします。最初の年度では、今より少しだけ負荷を上げてみる、次年度にさらに負荷を上げてみるといった具合に、様子を見ながら進めてみるのです。

エントリーが減った上、質の高い候補者を集めることができれば、求職者との丁寧な対話が可能となります。対話の中で、企業と個人の相互理解が深まれば、両者のマッチング精度が上がり、入社への意欲も高まりやすくなります。さらに、入社後、期待と現実との大きなギャップを経験しにくくなるでしょう。そのことは、不幸な離職を防ぐことにもつながるのです。

受けてほしい人だけが エントリーしやすいようにする

1

エントリーを集める前に
自社を受けてほしい人を
定義づける。

2

エントリーの
「負荷」を上げる。

3

数は少なくとも
質の高いエントリーを
獲得できる。

4

企業と求職者の
相互関係が深まる。

採用力アップのためのヒント

エントリー数は採用成功のバロメーターにあらず

弊社（株式会社パフ）では、数年前から「あえて、パフ。」というテーマでの新卒採用ホームページ（採用HP）を、数千名の学生のみなさんに読んでもらっています。

⇒ https://www.puff.co.jp/saiyo/

そこには弊社のような名もなき中小企業を選んだ、有能だけれどもちょっとヘンな社員たちのエピソード（この人たちは、どうしてこんな小さな会社を選んだのか）が、リアルに描かれています。また、募集要項には入社試験（基礎能力テスト）の合格ラインも明確な数字で示しています。さらに、求める人物像以外に求めない人物像（入社しても不適合になってしまうであろう人の行動や考え方）を書いています。ですから、この採用ページから弊社にエントリーする学生は100人もいません。説明会でも、過去10年間のリアルな業績（リーマンショック時には瀕死《ひんし》の状態だったことも含めて！）を開示しています。そして、業績が赤字の場合には、賞与が支給されないことも説明しています。それで去っていく学生も確かにいますが、それでいいのです。そういうことも含めて、「おもしろい」と思って残ってくれる学生こそが弊社がほしい人材であり、弊社に適合して活躍し得る人材だからです。

エントリー数を採用の成功を測るバロメーターとして位置づけている企業は多く、それが採用担当者の評価になることもあります。それゆえ、エントリー数の維持・拡大に関心が集まってしまうわけですが、それがいかにナンセンスなことであるか、本書を読んでいるみなさんには理解してもらえるはずです。

これって常識？

エントリーシートの提出は必須？

多くの企業が、自社の選考を受けようとする求職者(特に新卒者)に対して、「エントリーシート」の提出を義務づけています。そして、企業はエントリーシートに記入された情報をもとに、採用初期のスクリーニング（絞り込み）を行っています。

現在、エントリーシートの提出は慣行となっていますが、本当に必要なのでしょうか？

企業がエントリーシートを提出させるのはなぜか？

エントリーシート（中途採用では、志望動機の記述を含む「職務経歴書・履歴書」がこれにあたる）には、求職者の個人情報や志望動機、自己ＰＲなどを記入する欄が設けられています。現在の採用活動は、エントリーを集めること＝エントリーシートを提出してもらうことから本格的にはじまります。このような「慣行」がいまも続いているのには、企業側にとってプラスとなる２つの理由があるからです。

❶ 求職者の合否判定に使える

とりわけ大手企業の新卒採用においては、初期に相当数のエントリーが集まります。そうなると、エントリーしてきた全員を面接するのは難しくなります。

そこで企業は、エントリーシートを用いてスクリーニング（絞り込み）、いわゆる「足切り」を行います。エントリーシートの内容をもとに求職者を絞り込んだ後、厳選された求職者に面接を行うことができるのです。エントリーシートを提出してもらうことで、採用業務を省略化しているわけです。

❷面接に使える

エントリーシートに記入された自己ＰＲや志望動機は、面接における会話の素材になります。手元にエントリーシートを置いて面接すれば、話題に事欠きません。エントリーシートは、面接官にとってコミュニケーションツールになるのです。

エントリーシートを読むには大変な労力が必要

このように、エントリーシートには一定の有効性がありそうに見えます。しかし、大きなマイナス面もあります。それは、エントリーシートにかかる労力にあります。

エントリーシートは、とにかく読むのに大変な労力を要します。さらに厄介なのは、エントリーシートのチェックは短期決戦だということです。

１、２週間で数人分なら余裕がありますが、１００人分、あるいは１０００人分を読まなければならないとすればどうでしょうか。読むだけで膨大な時間が必要になります。また、それだけの文章を読むとなると、流し読みになってしまい、内容が頭に入ってこなくなります。これではきちんとスクリーニングが行えません。

エントリーシートは一気にやってきて、一気に読まなければなりません。エントリーシートのチェックのために、「土日がなくなる」という採用担当者のなげきも耳にします。しかし、それでも読み終えられない企業もあります。そのような企業がどうするかというと、エントリーシートを読む業務を他社（代行業者）に発注してしまうのです。エントリーシートは、その企業のために求職者が用意したものなのに、それを他社に外注し、スクリーニングまでやってもらうのはおかしな話です。

このように、エントリーシートは企業側にとってマイナス面もあります。ただ慣行だからということではなく、自分たちがエントリーシートによって得られることと実際に払う労力とを、よくよく比べてみることが必要ではないでしょうか。

エントリーシートは求職者の動機づけにもマイナス

エントリーシートは、企業だけでなく、記入する求職者側にも大きな負担となっています。

求職者にとって、エントリーシートは選考に活用される資料なので、適当に作成するわけにはいきません。時間をかけて文章を考えます。文章を上手く書けない人に対しては、「エントリーシートの書き方」に関するレクチャーが実施されています。選考を通過するため、求職者はときに他者の助言を受けつつ、エントリーシートに書く内容を練っていくのです。

求職者がエントリーシートを書くことにメリットがないわけではありません。求職者がその会社の事業や風土をより理解する機会になる可能性もあります。

しかし、企業側の何気ない対応が、エントリーシートに真摯《しんし》に向き合う求職者の心理にマイナスの影響を与えることがあります。

例えば、「面接でエントリーシートに書いた内容に1つも触れてもらえなかった。何のために頑張って書いたのか」という求職者の声を耳にします。このような声は、企業でエントリーシートを提出させる意義が定まっていなかったり、求職者側に企業側の意図が伝わっていなかったりする場合に起こりがちです。

企業の選考プロセスに対する疑念は、入社意欲を下げる要因になります。求職者は就職活動の後半になるほど、「何のためにエントリーシートの提出を求められたのか」「あの質問の意図は何だったのか」など、企業が自分のどこを見て能力を見極めているのか、それは合理的な理由で行われているのかと、選考方法を気にするようになります。**企業側に合理性に欠く行動が見られると、最終的に入社する企業を選ぼうとするとき、求職者はその企業を選びにくくなるのです。**

エントリーシートを運用することで、業務の効率化を図ることができるかもしれません。しかし、多くの企業が、エントリーシートを運用する理由やその使用方法を理解しないまま、単なる慣行として求職者に提出を求めている現状もあります。

そのような運用の仕方では、求職者にとっても企業にとっても、マイナスとなるばかりです。デメリットよりも、メリットが少ないと思うのであれば、エントリーシートの運用中止を検討すべきでしょう。

まとめ

- 多くの企業が求職者にエントリーシートの提出を求めているが、そのほとんどは慣行として行っている。
- エントリーシートのメリットは、採用初期のスクリーニングや、面接における質問の素材として使えることである。
- 求職者はエントリーシートの作成に、企業はエントリーシートの確認に、膨大なコストを要するため、メリットよりもデメリットのほうが大きい。
- エントリーシートの提出を課す理由や運用する意図が曖昧《あいまい》だと、求職者に疑念を与え、求職者の入社意欲を下げる原因となる。

これが常識！

思い切ってエントリーシートを廃止しよう

多くの企業において、採用初期にエントリーシートの提出を義務づけています。

企業と求職者の双方に負荷を強いているにもかかわらず、それに見合った効果を得られている企業は少ないのが現状です。

いま一度、エントリーシートの目的に立ち返り、「それはエントリーシートにしかできないことなのか？」と問い直してみましょう。

エントリーシートにしかできないことなのかを考える

「あなたの会社は何のために求職者にエントリーシートの提出を求めていますか?」

……この問いに、すぐに答えられるでしょうか。

中には、きちんとその理由を答えられる担当者もいるでしょう。例えば、「求職者の成功体験を知るため」や「求職者の適性を見抜くため」など。

しかし、いま一度、このように考えください。「それは本当にエントリーシートでなければできないことなのか?」と。

「求職者の成功体験」なら、採用面接でも直接聞けます。むしろ、面接のほうが双方向のやりとりの中で事実関係を詳しく掘り下げられます。

「求職者の適性」であれば、適性検査のほうが余計な思い込みを排除した形で、科学的に適性を見極められます。

エントリーシートを提出させる目的がはっきりしない場合、あるいは他の方法でもそれが達成できる場合は、思い切ってエントリーシートを廃止したほうがいいでしょう。

エントリーシートを廃止するメリットはたくさんある

これまでやってきたことなのに、「いきなりエントリーシートの廃止を提案するなんてできるはずがない」と思う人もいるでしょう。

そこで、エントリーシートを廃止した場合のメリットを3つ、あげます。

❶企業側の労力を確実に減らせる

エントリーシートのために使っていた時間を、他のことに使えます。例えば、求職者への連絡回数を増やすことで、求職者の志望度を引き上げるための時間に使うことができます。**エントリーシートの提出を義務づけることで下がっていたかもしれない志望度を逆に引き上げられるのですから、非常に効果的です。**

❷求職者の労力を減らすことで、採用プロセスに参加しやすくなる

前項で述べたように、求職者にとってエントリーシートの作成は大きな負担です。負担が大きくて、エントリーそのものをやめる人も少なくないでしょう。

求職者を多く集めれば万々歳というわけではありません（→P.68）。ただし、求人数に比べて求職者数が少ない売り手市場が続いている現在、求職者が集まらずに困っ

ている企業は少なくありません。そんな企業にとって、エントリーのハードルを下げられるのは大きなメリットです。

❸求職者は情報収集・吟味・検討の時間を増やせる

エントリーシートに投じていた時間を別のことに使えるのは、求職者側も同じです。多くの企業を同時に受験するため、エントリーシートの作成が原因で、求職者は多忙な状況に陥《おちい》っています。「エントリーシートを書くのが大変で、会社のことを調べたり、OB・OGを訪問したりする時間がとれない」と言う人もいます。

エントリーシートを作成する時間がなくなれば、求職者は1社あたりの情報収集・吟味・検討の時間を増やせます。そのことは、企業にとっても朗報です。なぜなら、**情報を集めて考え抜いた上で入社を決意した人は、入社後に「こんなはずではなかった」というギャップを感じにくいからです。**

これらのメリットと、エントリーシートを続けた場合のメリットとを比べてみてください。続けるほうがメリットが少ないと思うのであれば、エントリーシートを廃止すべきでしょう。

エントリーシートの廃止には メリットがたくさんある

1

エントリーシートの
目的を再考する。

2

面接など他の手法でも
目的を達成できる場合は、
エントリーシートを廃止する。

3

エントリーシートに使っていた
時間を動機形成の働き
かけなど別のことに使える
ようになる。

4

エントリーへのハードルが
下がり、応募しやすくなる。

採用力アップのためのヒント

エントリーシート&志望動機撲滅同盟を結成!

新卒採用では、エントリーシートの提出を求職者に課すことが慣例になっています。そのエントリーシートで定番となっている質問が「志望動機」です。私はこのエントリーシートと志望動機が、就職・採用世界の２大悪だと思っており、「撲滅同盟」なるものを公然と立ち上げています。が、力及ばず。まだまだこの２大悪は世にはびこっています。これは企業にとっても、求職者にとっても、世の中にとっても、とても不幸なことなのです。なぜなら多くの企業のエントリーシートは、学生の時間をいたずらに奪っているからです。

１社のエントリーシート作成に費やす時間は平均約２時間。本命企業ともなれば、丸１日かけることもめずらしくありません。出題意図のよくわからない質問を課すエントリーシートも多く存在します。さらに困ったことに、そのエントリーシートを読んでいるのか疑わしい企業も少なくありません。そんなものに時間を費やすくらいなら、求職者は、多くの企業と接点を持つことに時間を割くべきです。

そして「志望動機」ですが、業界研究も企業研究もできていない初期の段階で、求職者にそれを聞いてどうするのでしょう。志望動機は、採用プロセスを通して求職者に醸成《じょうせい》してもらうもので、それを手伝うのは採用担当者の役割です。

初期の段階で志望動機を聞くのは、初めて会った女性に「それで僕のどこが好きなの？」と聞くようなものです。そんな自惚《うぬぼ》れた男はとうてい信用されません。エントリーシートや志望動機を課すのは自惚れた企業だけにしていただき、あなたの会社では即刻廃止するのがよろしいでしょう。

これって常識？

自社のよい面は強調！悪い面は見せない？

あなたの会社では、求職者にどんな情報を発信していますか？それらの情報のうち、求職者にポジティブに聞こえるものは何割でしょうか。逆に、ネガティブに聞こえるものは何割でしょうか。

求職者によい面ばかりを見せ、悪い面は見せないようにする企業を目にします。

しかし、あなたが求職者なら、悪い面を隠すような企業に入社したいと思いますか？

ネガティブな情報を出すと、採用は失敗する？

自社の魅力が求職者に伝われば、「いい会社だ」と思ってもらえます。反対にネガティブな面を見せると、求職者に敬遠されて自社にエントリーしてくれなくなるかもしれません。

エントリーが集まらないと、採用担当者は計画通りの人数を採用できるか不安になります。特に現在のような売り手市場が続く状況では、「ネガティブな情報を出すなんてとんでもない。そんな勇気はない」と採用担当者が考えたとしても、不思議はありません。

誰だって、できるだけよい点が多い会社に行きたいものです。**ポジティブな情報を発信することで求職者の志望度を高めるのは、採用担当者の重要な仕事の1つといえます。**

また、自社のよい面を社員が語ることで、社員の会社に対する心理的距離を縮め、愛着を深める効果もあります。採用サイトに社員インタビューを載せるとか、会社についての記事を書くなど、会社のことをポジティブに語るうちに、さらに会社が好きになるわけです。

よい面しかない企業などない

しかし、ポジティブな面ばかりを提示して求職者のエントリーを集める方法は、非効率であることがわかっています。

例を出しましょう。ある会社では、事業構造上、繁忙期《はんぼうき》と閑散期《かんさんき》が分かれていました。繁忙期に入ると、残業が多くなります。終電には間に合いますが、連日遅くまで働かなければなりません。一方、閑散期は定時で退社できます。

この会社では、閑散期の様子を中心に、求職者へアピールしていました。採用サイトでも、定時で退社してプライベートが充実する社員の様子を掲載していました。その結果、ワークライフバランス（※1）を重んじる求職者がこぞって、この会社を受けにきました。

ところが、選考が進むうちに雲行きがあやしくなります。求職者は就職活動を通じて、この会社の事業を理解していきます。その中で疑問をもち始めたのです。事業を見るに、「繁忙期はかなり大変なのではないか？」と。しかし、そのことを採用担当者に聞いても、曖昧《あいまい》な答えしか返ってきません。

求職者が面接まで進んだとき、改めて繁忙期の働き方について尋《たず》ねてみると、「繁

※1 **ワークライフバランス**：仕事に傾倒するのではなく、仕事とプライベート（家庭・余暇・地域の活動等）を両立させながら働くこと。

リアリティ・ショックが強いと離職を考えやすくなる

株式会社ビジネスリサーチラボは、ある3社で、入社1、2年目の社員を対象に離職要因を探る調査をした。離職意思の高いグループと低いグループとに分け、リアリティ・ショックの程度を算出した。

離職意思の高さとリアリティ・ショックの関係

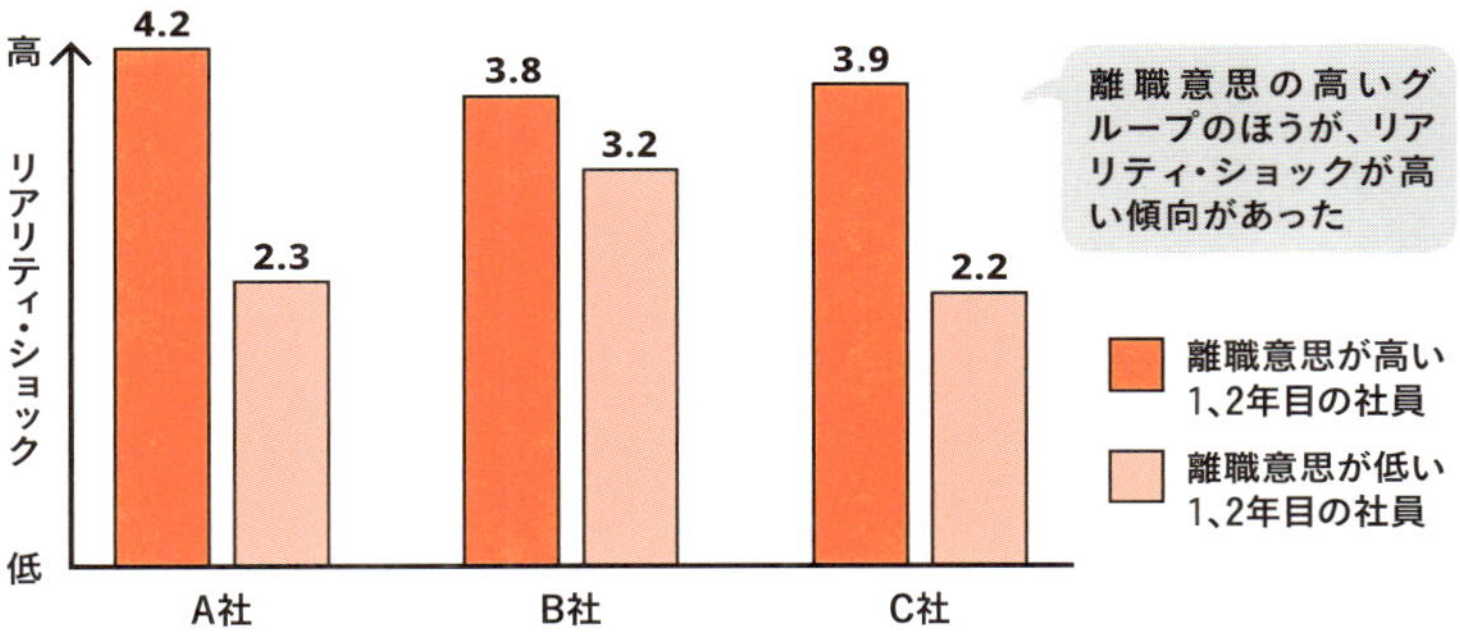

※株式会社ビジネスリサーチラボが3社（A社2015年130人、B社2017年70人、C社2018年210人）で行った調査を統合したデータ（各項目の回答値は1から5の値をとる。複数項目の回答値をもとに算出）。

忙期は残業が多いんですよ」と面接官が答えました。そのため、求職者は「これまでずっと隠していたのか」と裏切られた気持ちになり、この会社の選考を辞退することに決めたのです。

求職者にとって、就職活動は自分の人生をかけた大きな意思決定の場です。そんな真剣な求職者がよいことばかりを並べ立てる企業を、何の疑問もなく、心の底から信じるでしょうか。「ネガティブな面もあるのでは？」と考えるのが普通です。

就職活動の初期に、よい面ばかりを提示されても、求職者はあまり疑問を抱かないかもしれません。ですが、選考が進むにつれて、よいことばかりを口にする企業に対し、疑惑の目をもつようになります。そして結果的に選考からの離脱を決意してしまうのです。そうなれば、そこまで企業と求職者の双方がかけた時間や労力は無駄になってしまいます。

入社後の離職意思にまで影響する

求職者にポジティブな情報を強調し、ネガティブな情報をあまり出さない弊害《へいがい》は、他にもあります。それは、入社後にまで影響を与えるということです（→P.95図）。

求職者は入社後、採用時には語られなかったネガティブな現実に直面し、「聞いていた話と違う」と落胆します。前述の通り、**リアリティ・ショックが強いと「離職意思」が高まります。せっかく苦労して採用／就職しても、採用の仕方がよくないために離職リスクが高まるとすれば、企業にとっても求職者にとっても残念なことです。**

私が新入社員のリアリティ・ショックに関するインタビューをしていた際、「こんなに残業があるとは思っていなかったです。採用担当者の方には申し訳ないですが、就職活動の中で聞いていた話と違うと正直裏切られた気持ちです。でも、どうしようもないことなので、転職を含めて、これからのキャリアを考え直しています」と答えた人がいました。このような事態は、ポジティブ・ネガティブ両方の情報を示していれば防げたはずなのです。

ポジティブな面を伝えることも大切ですが、それは会社の一側面でしかありません。そのような一側面しか伝えないという姿勢では、求職者と信頼関係を築くことはできないと肝に銘《めい》じましょう。

まとめ

- ネガティブな情報を出すと採用に失敗すると思い込み、求職者にポジティブな情報しか伝えない企業は多い。
- ネガティブな情報も伝えないと求職者の信頼を得られず、求職者は選考を離脱するケースが増える。入社したとしても、のちにリアリティ・ショックを経験し、離職するおそれがある。
- ポジティブな情報の発信に偏《かたよ》っていると、企業にとっても求職者にとっても不幸な結果を招く。

会社の現実を知ってもらおう

各社が人材確保に苦戦する中、採用活動において自社のネガティブな面を十分に伝えない企業があります。しかし、これには求職者が選考途中で離脱したり、入社後に離職したりするという、リスクがあります。

ネガティブな側面であっても、上手く伝えれば会社のイメージをアップさせることができます。求職者に、きちんと会社の現実を知ってもらいましょう。

ネガティブな情報もさらけ出すほうがいい

ＲＪＰ＝Realistic Job Preview（現実的な仕事情報の事前開示）という考え方があります。その会社のリアルな情報を、よい面も悪い面も事前に通知することを意味します。入社前にＲＪＰを行うことに抵抗を感じる方もいそうですが、企業にとって、次のようなプラスの効果があるといわれています。

❶入社後の離職を回避できる

ＲＪＰを行うことで、入社前のイメージと入社後の実態とのギャップに衝撃を受けるリアリティ・ショックを緩和でき、入社後の離職を避けられます。

❷企業イメージが向上する

ネガティブな情報までも提示する企業のスタンスに対して、求職者は「オープンな会社だ」と魅力を感じ、企業イメージが向上します。

総じて企業は、求職者にネガティブな側面もさらけ出すほうがお得なのです。

ネガティブな情報を伝えるタイミング

ただし、ネガティブな情報を求職者に伝えるタイミングは重要です。タイミングは2つのパターンに分けられ、それぞれリスクがあるので注意しましょう。

❶採用の「初期」に伝える場合

採用の初期には、企業と求職者は十分に関係を作れていません。その時点でネガティブな情報を伝えると、誤った解釈をされてしまい、求職者が選考を離脱するリスクが発生します。しかし裏を返せば、「それでも受けに来ようとする層」にターゲットを絞ることができます。**最初から質の高い候補者群を集めたい場合、初期に伝えると効率的でしょう。**

❷採用の「中期以降」に伝える場合

採用の中期以降まで来ると、ある程度企業と求職者との関係が構築できており、求職者の数も絞られてきます。**そのため、求職者1人あたりの接触時間を長くし、ネガティブな側面について時間をかけて解説することができます。**

半面、ここまでよい面を中心に伝えてきた分、おどろきや不安が生まれやすいといえます。その結果、選考からの離脱や内定の辞退が起こるリスクが発生します。

ここで1つ事例を紹介しましょう。ある採用担当者は採用の初期に、求職者にネガティブな情報を伝えることを前提に、自社の内情を調査しました。

採用担当者は自社の社員たちの働き方の特徴を調べるために若手社員を集めて、自社の働き方の特徴を議論してもらいました。次に、議論であがった特徴を求職者へのアンケートに落とし込み、求職者にとって何が「ポジティブ／ネガティブ」に感じるかを調べたのです。アンケートの内容を分析してあぶり出した、ネガティブな情報を示す際には、「なぜ自社にはそのような特徴があるのか」を合理的に説明するように心がけました。

ネガティブな情報は、決定的なマイナス要素と受け取られる場合があるので、伝え方には細心の注意が必要です。「残業時間が多い時期もあるが、それは事業の特性が△△だから」といった具合に、**納得のいく合理的な理由（事情）があれば、求職者もネガティブな現実に納得できるでしょう。**

伝え方に工夫と細心の注意をもってネガティブな情報も伝え、求職者との信頼関係を作っていきましょう。

合理的な情報開示は求職者に好印象を与える

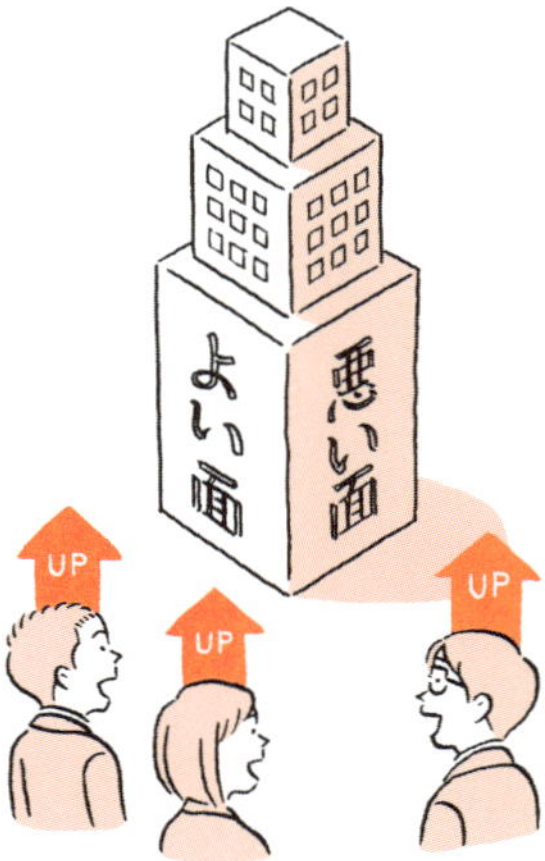

リアリティ・ショックの緩和や企業イメージの向上が期待できる。

ネガティブな情報は、伝えるタイミングによって、メリットとデメリットが異なるので注意。

伝える際には、求職者が納得できる「合理的な理由」が大切。

採用力アップのためのヒント

学生と企業は
合わせ鏡のようなもの

「日本の新卒採用は、学生も企業も互いがだまし合い、ばかし合いを演じており、まるで茶番劇を見ているようだ」と、識者の方々から評されることがよくあります。もちろん、就職活動を行う学生も企業の採用担当者も真剣に取り組んでいるわけですが、なぜそのように映ってしまうのでしょうか。それは自分（自社）をよく見せたい、よく見せないと望む企業に入れない（望む人材が入社してくれない）と、互いが思い込んでしまっているからではないでしょうか。そのように思ってしまう気持ちもわかりますが、人をだましたりウソをついたりして進める就職や採用は、改めないとなりません。

やはり範を示すべきは企業側。「大人の事情」などという見苦しい言い訳で、自分たちを正当化するのはやめましょう。上から押しつけられたルールがおかしいのであれば、「おかしい」と言いましょう。コソコソするのはやめましょう。

「子は親の鏡」といいます。企業の振る舞いを若者たちはじっと見ています。ウソも見抜いています。「今どきの若者は」などと批判する前に、自分たちの行いにやましいところや恥ずべきところはないか、いま一度振り返ってみましょう。企業側が、悪い点や恥ずかしい点も含めて、組織や仕事のリアルを正直にさらけ出せば、若者も自分たちの飾らない姿を見せてくれるはずです。ウソのない誠実な採用と就職活動。私は、このことを「顔の見える就職と採用」と呼んでいます。採用担当者のみなさんには「未来を担う子を育てる親」である、という気概をもって日々の仕事に臨《のぞ》んでいただければと思います。

採用担当は会社と社会の未来を創っている

採用見聞録 02

アメリカの人材サービス会社 Career Blissが毎年発表している、「最も幸福感を得られる職種」ランキングというものがあります。この2017年版において、採用担当は堂々の2位。惜しくもマーケティング専門職に敗れたのですが、その前年では、同職を抑えての1位だったのです。

なぜ採用担当が、海外でこれほどの人気があるのか。1つは、採用担当の仕事が、会社と個人の接点を作り、双方が未来を共に紡ぎ出す手助けをしているからです。会社と個人がお互いに何を求め合うのか、それを本音でやりとりする採用は、会社と個人が共に行う未来のプロジェクションである、と私は考えています。契約社会といわれるアメリカならずとも、この考え方は極めて重要だと思うのですが、残念ながらいまの日本では、この意識が極めて希薄であるように思います。

そしてもう1つは、採用担当が若者と社会との接点になることです。アメリカの巨大金融グループで採用担当をしている友人は、「この仕事があなたにもたらす幸せとは？」という私の質問に対して、こう答えています。「目の前にいろいろな可能性が開かれた若者がいて、その人を輝かせることのできそうな仕事がこちらにはある。だから私は、どうやってこの人を会社に迎え入れるかと、寝ても覚めても考える。ここに私の幸せの半分がある。でももし、その若者が輝くのは自社ではないとわかったとする。私にそのことを伝える。そして何年かして、立派なスーツに身を包み颯爽《さっそう》と街を歩くその人と出会い、笑顔を交わす。これが私の、もう半分の幸せなの」。私は、彼女の言葉に採用担当の矜持《きょうじ》を見た気がしました。

日本企業の採用担当者が「自分はこの会社とこの社会の未来を創る、誇り高く幸せな仕事をしている」、そう胸を張れる日がやってくることを願ってやみません。そのとき、日本の採用はいまよりもよいものへと変わっているはずです。そしてその日は、案外近いのかもしれません。

服部 泰宏（はっとり やすひろ）

神戸大学大学院経営学研究科 准教授。日本企業における「組織と人の関わり合い」、日本のビジネス界における「知識の普及」に関する研究などに従事。2013年以降は、人材の採用に関する科学的アプローチである「採用学」の確立に向けた研究・教育活動に従事。現在は北米、ASEAN企業の人材マネジメントの研究も行う。著書に『採用学』（新潮選書）など。

Chapter

3

選抜編

応募者から選ぶ

Chapter 3では、「選抜」フェーズについて解説します。次の6つの観点を理解すれば、選抜フェーズを有効に進めることができるでしょう。

❶ 面接官の選び方
❷ 面接に臨む姿勢
❸ 面接ツールの活用方法
❹ 志望動機の扱い方
❺ 応募者の能力の見極め方
❻ 社風の伝え方

選抜の流れ

選抜フェーズでは、２つのことが同時に進行します。１つは「企業が応募者を選ぶこと」（見極め）、もう１つは「応募者が企業を選ぶこと」（動機形成）です。選抜とは、企業にとって「選ぶと同時に選ばれるもの」なのです。

企業が目指すこと

自社に合った人材を見極める

面接の準備をする

例
- 面接官を選ぶ
- 面接官と評価基準を共有する
- 面接シートを用意する

面接シートを作ろう！

面接官を頼まなきゃ…

応募者が目指すこと

自分に合った企業を見極める

面接の準備をする

例
- マナーを確認する
- 質疑応答の練習をする

知りたいことに答えてくれる人がいるといいなぁ

志望動機は絶対聞かれるはずだから、準備しないと

エントリーシートで落とされなくてよかった〜

あなたの会社は、求職者が企業を選びやすい環境をきちんと整えることができているでしょうか。このページの企業の行動には誤りも含まれています。Chapter 3を読んで自社の手法を振り返ってみてください

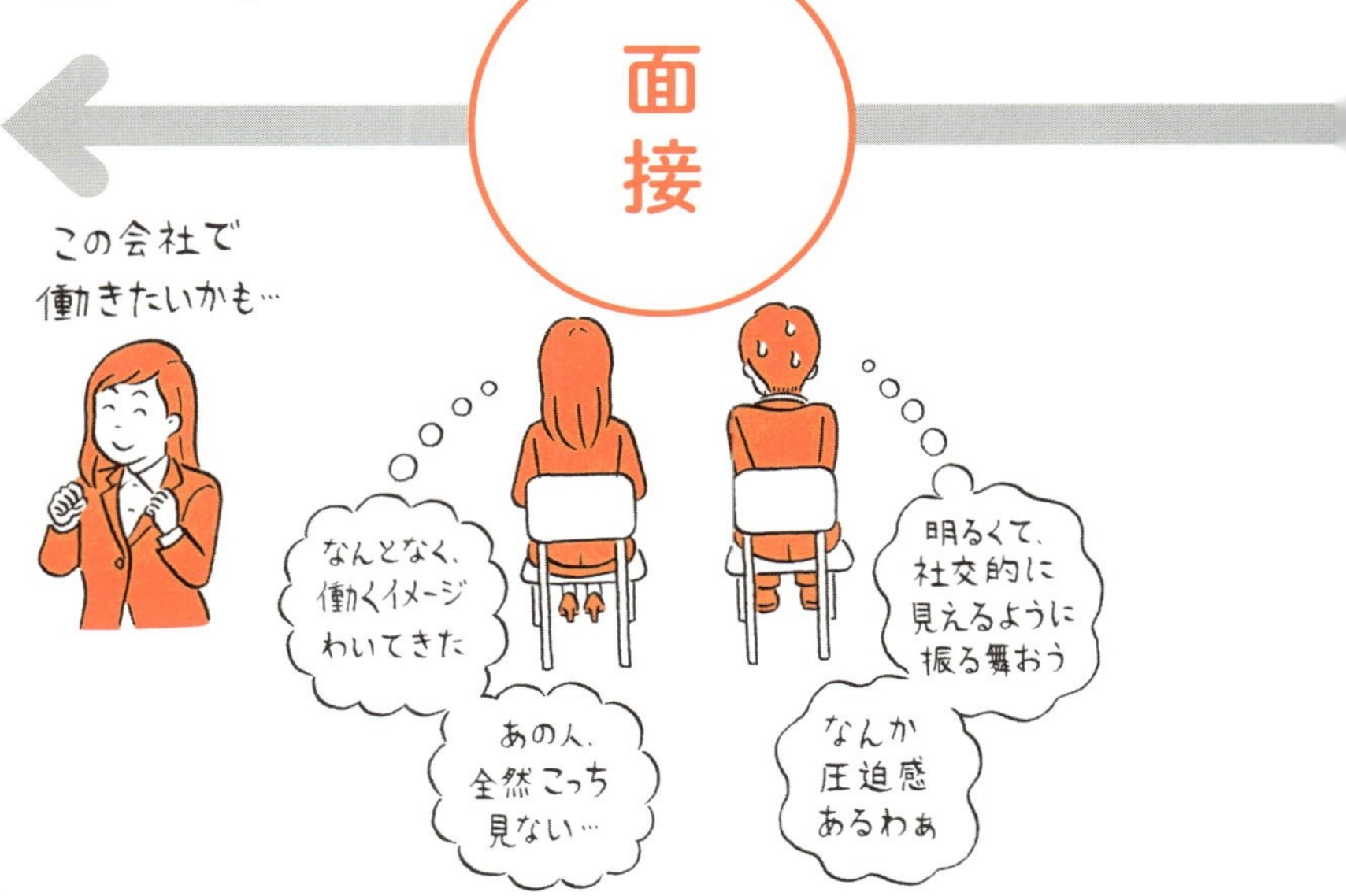

これって常識？

声をかけやすい人に面接官を頼むべき？

応募者の選考過程において、面接は大きな役割を担っています。その重要な任務を担う面接官をどのように決めていますか。

面接官の選び方について調査したところ、「声をかけやすい人に頼む」という回答が多くあがりました。『自分がやります』と手をあげてくれる人に頼みがち」という声も耳にします。

はたして面接官の選び方は、このような方法でいいのでしょうか。

なぜ声をかけやすい人に頼んでしまうのか？

採用担当者以外の人が、面接官を務めることもあるでしょう。そのような場合、なぜ面接官を頼みやすい人に頼んだり、相手の主体性に任せたりする結果になるのか、その理由を考えてみましょう。

●面接官だけを行う社員はいない

面接官を務める社員は、専任の面接官として会社で働いているわけではありません。自身が抱える業務で忙しく働く社員に、面接官を担ってもらうように打診するのは気が引けるものです。

●面接官を務めても評価につながらない

多くの企業において、現場の社員が面接官を務めても「人事評価」につながらないことも関係しています。ただでさえ自分の業務で手いっぱいの状況で、何の得もない面接官の仕事を引き受ける人は少ないでしょう。評価基準は、無意識のうちに人の行動を方向づけるものです。

面接官の選び方に関する調査

株式会社ビジネスリサーチラボが採用担当者に対して、面接官の選び方に関する調査を行ったところ、「自分が頼みやすい人に頼んでいる」割合が最も多かった。

自社の現状に最も当てはまるものを選んでもらったときの割合

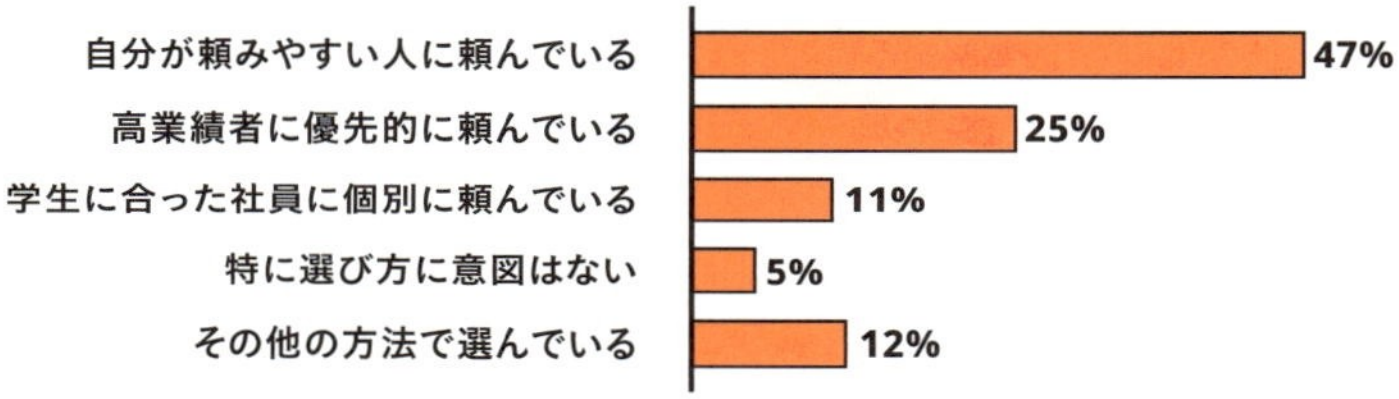

それぞれの選び方に１番とつけた企業について、「採用の成果への満足度」の平均値を出したところ、自分が頼みやすい人に頼んでいる企業は満足度が低く、学生に合った社員に個別に頼んでいる企業は満足度が高い傾向にありました

※株式会社ビジネスリサーチラボが採用担当者126人に実施した調査（2017年）

このように面接官を頼みにくい構造が、頼みやすい人に頼んでしまう状況を作り出しているのです。

本来的に頼みにくいものだから、採用担当者は「自分が頼みやすい人に頼もう」、もしくは、「向こうから手をあげてもらおう」と考えるわけです。そうなってくると、毎年、同じ人が面接官を担うことになり、その人たちばかりが「面接経験が豊富な人材」になっていきます。そして、面接官を担ったことがない人たちとの間で、経験の格差ができていきます。

採用担当者としては、あまり面接の経験がない社員と面接経験が豊富

な社員がいた場合、後者に依頼するでしょう。こうして、毎年同じ人に依頼し、その人に依存していくことになるのです。

面接官の選び方次第で採用の成果が変わる

こうした状況が、どのような問題を生むのかを見てみましょう。

株式会社ビジネスリサーチラボによる調査では、面接官を「声をかけやすい人に頼んでいる」と答えた企業は、「採用の成果への満足度」が低い傾向にありました。

これには、2つの理由があります。

❶企業の採用活動を安定的に運用できない

声をかけやすい人に声をかけるだけでは面接官の人数を十分に確保できず、採用活動を安定的に運用できません。採用活動をとどこおりなく進めるには、面接を計画通りに進めなければなりません。

面接官候補が少ないと、通常業務との兼ね合いで面接スケジュールがうまく組めなくなる場合があります。実際、面接の間隔が長く空いてしまい、内定者に内定を辞退されてしまった企業も存在します。

❷応募者の動機形成を十分に行えない

応募者の入社意欲を高めるためには、優秀な社員に、面接で入社意欲を高めてもらうのが効果的です。優秀な社員の言動に触れることで、「自分もここで働くと、こんなふうに活躍できるかもしれない！」と、応募者の志望度が高まるからです。

しかし、優秀な社員ほど多忙を極めており、声をかけにくい状況にあります。**頼みやすい人に頼んでいるだけでは、優秀な社員に面接官として応募者の志望度を高めてもらう機会を作れず、結果的に人材を逃してしまうことがあります。**

新人の定着支援に影響が出ることも

面接官の偏《かたよ》りは、新入社員の定着支援にも影響をおよぼします。定着支援とは、新入社員が業務を覚えたり、自社になじむようにトレーニングしたりすることです。

面接官となって採用面接に関わると、自然に「新入社員を受け入れることに対する責任感」が生まれます。

面接官として自分が評価した人が入社した場合、自分の知らないところで選ばれた人が入社した場合より、受け入れに対する責任感をもちやすくなるからです。面接に関わることで得られる、このような効果を一部の社員が独占してしまうのは問題です。

つい声をかけやすい人に面接官を頼んでしまいがちですが、面接官の役割の重要性を考えたとき、従来のやり方でよいのかどうか、見直す必要があるのではないでしょうか。では、どのように面接官を決めればよいのかを考えていきましょう。

まとめ

- 社員に面接官を依頼する際、声をかけやすい人に依頼するケースが多い。
- 声をかけやすい人への依頼が毎年続くと、面接官を務める社員とそうでない社員との間で経験値の差が生じ、結果的に同じ人に依頼し続けてしまうことになる。
- 面接官に偏りが出ている企業は、採用成果への満足度が低い傾向にある。
- 現場社員が面接に関わることで、新人の受け入れに対する責任感を職場で醸成できる。その効果を一部の社員が独占するのは問題である。

これが常識！

面接官を頼める人を増やそう

面接成功のカギとなるのは、面接官選びという「出会いのマネジメント」です。頼みやすい人や手をあげてくれる人に面接官を依頼する方法には、限界があります。

面接日程の調整が上手くできなかったり、ハイパフォーマーに依頼できないことで応募者の志望度を十分に高められなかったりするからです。

では、どうすればよいのでしょうか。

面接官の候補者を増やしていこう

面接官の選び方を考える上で前提となるのは、「面接官を依頼できる人を増やしておく」ことです。そのために採用担当者は、日頃から社内で「採用に対する理解」を醸成《じょうせい》しておかなければなりません。**「採用は企業の維持と発展に欠かせない」ということを、社内で繰り返し発信することが重要です。**この理解が社内で共有されていないと、他の社員は「採用は自分とは関係ないことだ」と感じて協力してくれません。

そこで、少しずつ仲間を増やすイメージで取り組みましょう。「どんな人を雇うとありがたいか」を現場社員にヒアリングしたり、「次の採用に生かすために今年の新人の様子を教えてほしい」と各部署を訪問したりして、打ち合わせをします。優秀な社員には、「ハイパフォーマーの特徴を把握して人材要件の参考にしたい」と依頼をすれば、相手も悪い気はしません。

経営トップから、社内へメッセージを投げかけてもらうやり方もあります。その際、採用担当者はメッセージの原案を作って、上司を通じて社長に提案するとよいでしょう。

このように、できる限り多くの役員、社員に働きかけ、先月より今月、今月より来月と、採用に関する理解者を増やしていきます。

理解者たちには、「面接官をお願いしたら引き受けてくれるか」を尋《たず》ね、了承してくれた人をリスト化しておくとよいでしょう。

応募者のニーズに合わせて面接官を選ぶ

面接に先立ち、応募者のニーズを把握することも大事です。**応募者のニーズとは、「就職・転職活動で何を重視しているか」「面接でどんな話をしたいと思っているか」「面接官からどんな話を聞きたいと思っているか」などです。**

技術の話をしたい応募者には技術に詳しい社員を、社風に関心がある応募者には社風を体現する社員を、といったふうに面接官を選出します。

応募者のニーズをつかむには、履歴書や適性検査がよい材料になります。それらをもとに応募者の人物像を推理し、「この人は何によってモチベーションを上げるのだろうか」と考えてみるとよいでしょう。

ただし、その人物像はあくまで想像にすぎません。事前に形成した先入観で判断してしまわないように、注意が必要です。二次面接の場合は、一次面接での応募者の言動が参考になります。一次面接で応募者が就職活動を通じて知りたいことなどを記録して、二次面接の面接官とも共有しましょう。

ある会社では、応募者が面接後の選考を辞退したり、内定を辞退したりするケースが目立っていました。調査の結果、一定の割合で技術に関心をもつ応募者がいたにもかかわらず、技術に明るくない営業担当を面接官としていたことがわかりました。採用担当者が営業出身で、営業担当の知り合いの多くを面接官にしていたからです。これにより、応募者の動機形成がままならず、選考を離脱する応募者を多く出してしまいました。

そこで、この会社は面接官の選び方を変えました。まず、グループ面接と最初の個人面接で応募者1人ひとりのニーズを聞き出し、そのニーズを社内で共有して、次の面接官選びに利用しました。**その結果、「動機形成」の精度が向上し、応募者の志望度を高める面接になったのです。このことは、内定辞退率の低減につながりました。**

どんな応募者にどんな面接官を起用するのかが、面接のできを大きく左右します。面接官選びという応募者と社員の「出会いのマネジメント」の品質を上げるため、できることからはじめてみましょう。

応募者のニーズに応えられる人に面接官を頼む

1
採用担当者は普段から採用の重要性を社員に伝えて、理解してもらおう。

2
理解者の中から面接官候補者を増やす活動をし、リスト化しておく。

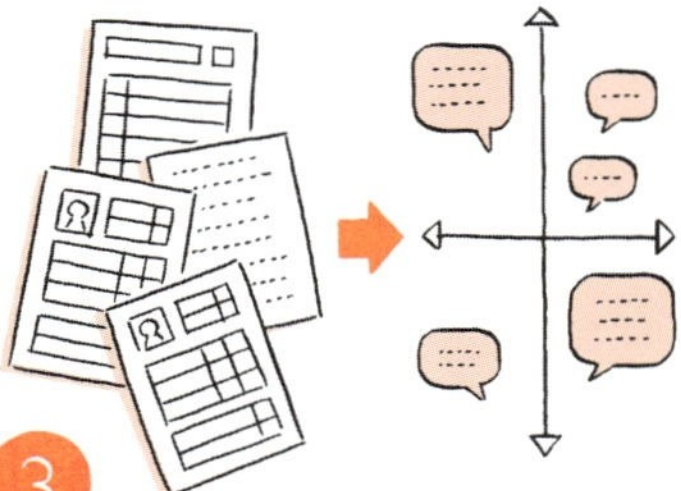

3
履歴書や適性検査の結果などを利用し、応募者のニーズの把握に努める。

4
応募者のニーズに合った適切な面接官を選出する。

プロが教える!

採用力アップのためのヒント

面接官のシゴトって何?

「面接官の役割は何ですか?」と尋ねると、10人中9人は「応募者を見極めること」と答えるでしょう。もちろんそれも大事なことなのですが、それ以上に大事なことがあります。それは「惹きつける」という役割です。すなわち、応募者がよりその企業のことを魅力的に感じ、入社したいという気持ちを高めることが、役割なのです。

「見極める」ことは、適性検査やAIでもできます。むしろ、面接官よりも高い精度での判定が可能という調査結果もあるほどです。一方、「惹きつける」という役割は、面接官という人間にしか担えないことです。機械がどんなに膨大なデータで会社の特徴を説明しても、どんなに的確に仕事の内容を語っても、どんなに応募者を評価して入社をすすめても、応募者の気持ちを動かすことはできないでしょう。人を動かすためには、人の熱い思いが必要なのです。逆に、人の気持ちを冷ますのも人です。「こんな人の下では働きたくない」と一度でも思わせてしまったら、もはや挽回《ばんかい》は不可能です。

私は会社の社長ですが、実は人を見極めるのが苦手です。なぜかというと、数ある会社の中から自分の会社を受けてくれた応募者に、感心・感動・感謝してしまうからです。「ぜひ入社して頑張ってほしい」という気持ちが強くなるあまり、ついついジャッジが甘くなってしまうのです。そんなダメ面接官の私の仕事は、応募者とキチンと向き合うための場や時間を確保すること、本人の話を最後まで真剣に、ただひたすら聴くということです。それだけでも、十分な「惹きつけ」になっているものなのです。

これって常識？

素直に応募者を見るのが大事？

面接官として面接に臨《のぞ》む際、自分の「先入観（思い込み）」をもたず、素直に応募者に対峙《たいじ》して見極めようとするはずです。しかし、経験者はおわかりでしょうが、先入観をもたずに人を判断するのは、なかなか難しいものです。

面接において、応募者のことを客観的・中立的に判断するように努めることがはたしてベストなのでしょうか。

採用面接では先入観が作動しやすい

人は膨大な情報に囲まれて生きています。情報を1つ1つ吟味していては、一歩も動けなくなります。そこで、人は情報の処理を楽にするために先入観（思い込み）を働かせます。先入観とは、「ある対象についてもっているイメージ」のことです。

先入観をもつおかげで、人は効率的に情報を処理して行動できています。しかし、こと採用面接の場面において、先入観は厄介《やっかい》な存在です。面接官は慎重に応募者を見極めているようでいて、実のところ自分自身の思い込みに基づいて判断しているだけ、という事態に陥ります。

面接官は限られた時間の中で、応募者を見極めなければなりません。そのため、応募者の言葉をよく聞こうとします。話す内容だけではなく、話し方にも注目します。振る舞いにも目を向けます。しかも、そうしたことを会話の流れを意識しながら、円滑なコミュニケーションの中で行うことが求められるのです。

このように頭をたくさん使う状況においては、先入観が誘発されます。**考えるべきことが多すぎるため、情報の処理を効率化したくなって、先入観を働かせるのです。**

〈面接官がもちやすい先入観の例〉

- 文系の学生のほうが理系より営業に向いているだろう
- 理系の学生は対面のやりとりは苦手だろう
- 女性だから、細かい作業のほうが得意だろう　　など

よほど意識しなければ、面接官はこのような必ずしも正しいとはいえない先入観にからめとられてしまいます。

先入観が面接にどんな影響を与えるのか

では、実際の面接で起こりえることを見ていきましょう。

先入観をもっていると、面接官は自分の先入観の「証拠集め」をしてしまいます（左図）。**「証拠集め」とは、自分の先入観に合った言動を応募者がとった場合、それを積極的に評価することを指します。逆に、先入観に合わない言動をした場合はほとんど無意識に無視します。**そうしたすえに、「ほら、思った通り、この人はこんな人だった」と、先入観を正当化する情報だけが残るのです。

例えば、応募者が高校時代に野球部に所属していたという情報があり、「体育会系だから、きっと規律を重んじるに違いない」というような先入観をもったとします。

先入観を強化するための「証拠集め」

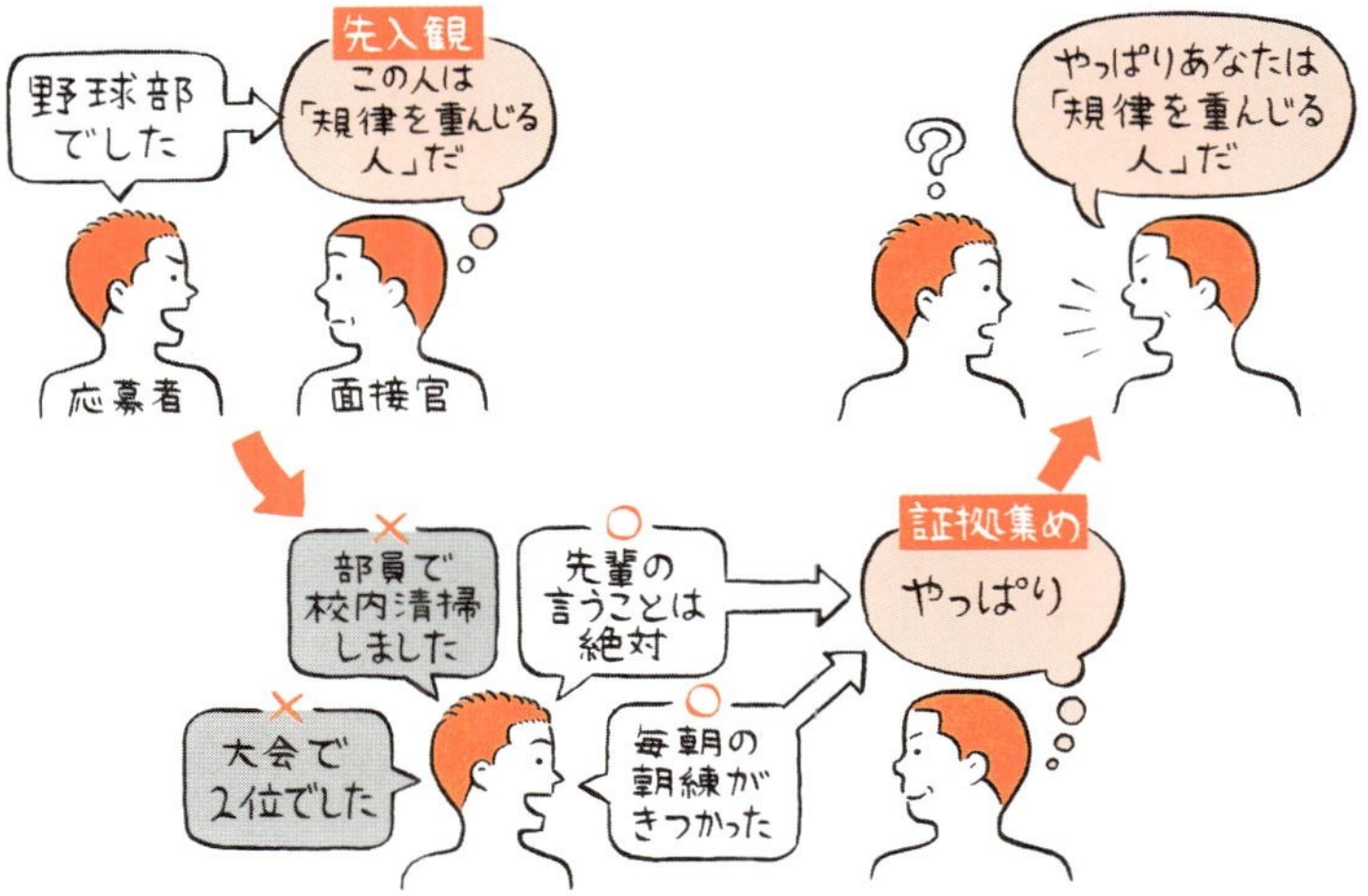

このとき、面接官はやりとりの中で特に「規律を重視する発言」に注意がいき、そのことを掘り下げようとします。そして、質問に一生懸命答える応募者を見て、「やっぱり規律を重視している」という思いを強くするのです。

そのため、「面接官によい先入観をもたれた応募者は受かりやすい」「悪い先入観をもたれた応募者は挽回《ばんかい》の機会なく落とされる」といったことが起こりえます。このような面接は、先入観を強化するために情報収集しているだけであり、面接の意味をなしていません。これでは、いかにしっかりと人材要件を定めていても、きちんとした選抜はできないでしょう。

面接官に「人材要件」が共有されていないと先入観が働きやすい

先入観に基づく面接を防ぐためには、「人材要件」の存在が重要になります。人材要件は「自社がどんな人材を採用しようとしているか」をまとめたものです。

人材要件が具体的な形で面接官の頭に入っていれば、面接時に先入観が働くのを抑えやすくなります。

「うちの会社は規律を重んじる人材がほしい。ただし、それは報告・連絡・相談を丁寧かつ迅速《じんそく》に行う人のことだ」という具体的な人材要件が共有されていたとすれば、例え面接官が「体育会系は規律を重んじる」という先入観をもっていても、その先入観をそのまま働かせないでしょう。「この人は丁寧かつ迅速に報告・連絡・相談ができる人だろうか」と考えて、応募者を見極めようとするはずです。

人材要件がありさえすれば、先入観が完全になくなるかといえば、そうではありません。しかし、**「人材要件が共有されておらず、面接官が自由に判断できる状況」と「人材要件が共有されており、それを参考に判断できる状況」とでは、後者のほうが先入観の影響は抑えられるのです。**

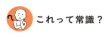

先入観は、採用面接における応募者の「見極め」にネガティブな影響を与えます。先入観によって、あなたの会社の選抜が、知らないうちに機能不全に陥っていないか、改めて見つめ直してみてください。

まとめ

- 人は効率化のために先入観に基づく判断を下しやすい。頭をたくさん使う採用面接の場面では、その傾向が強まる。
- 先入観が働くと、自分の先入観に合った情報ばかりを集めるため、面接官の先入観が面接の合否を決定するおそれがある。
- 面接官と人材要件を共有していないと、先入観を働かせやすくなるため、結果的に選考が上手くいかなくなる。

先入観が存在することを理解しよう

面接官の先入観は、応募者を「面接官がイメージする人」に見せてしまいます。公正中立に応募者を評価しているつもりでも、実際には先入観に基づく判断が下されることが多いのです。

しかし、そもそも先入観をもたないことなどできません。

必要な人材を正しく見極めるには、自分のもつ先入観を理解する必要があります。

先入観は無理に抑え込もうとしない

拍子抜けするかもしれませんが、先入観への対策として「無理に先入観を抑え込もうとしない」ことが大切です。先入観を抑え込もうとすると、かえって、先入観が大きく出てくるからです。人は不思議なもので、「○○について考えるな」と意識すると余計にそのことを考えてしまうようになります。

必要なのは先入観をなくすことではなく、あぶり出すことです。ある学術的な実験によれば、「自分の思い込みに近いこと」のほうが、人の記憶に残りやすいことがわかっています。例えば、あなたが面接官を務めたとき、面接終了後、応募者について記憶に残っていることを列挙したとします。「論理的に話していた」「おどおどしている印象を受けた」「限られた友人と行動することが多いようだ」などが出てきた場合、もしかすると面接前に「理系の学生」と聞いたことで、理系の学生に対するあなたの先入観が記憶に残ったのかもしれません。

この実験からいえるのは、「記憶に残った事柄から逆算」すれば、自分のもつ先入観を知ることができるということです。一度この方法で、自分の中にどんな先入観が潜《ひそ》んでいるか確認してみましょう。まずは、自分の中の先入観に気づくことが大切です。

先入観への対策

面接前にできる対策として、❶コミュニケーションを活用して先入観をあぶり出す方法、❷先入観を作り出すような情報を見ない方法、❸必要な人材を意識する方法が、あります。

❶面接官同士のコミュニケーションを活用する

ある企業では、面接後に面接官同士で振り返りを行い、各々のもつ先入観の理解に努めていました。お互いの評価やその根拠を照合すれば、「どんな目で応募者を見ていたか」を相対化できます。そして、何度も振り返りを積み重ねていくことで、各自の先入観が徐々に見えてきたそうです。

さらに気がついた先入観を、面接シート（評定表）にメモして、面接に臨《のぞ》みました。例えば「文系の人は論理より感情が大事だと考えがち」といった事柄です。そうすれば、自分の先入観をいく度となく目にすることになり、面接中に自制が利きますし、面接終了後、応募者を評価する際にも先入観に気を配ることができます。

とはいえ、このような工夫をしても、**面接経験が浅いうちは先入観を抑えることが**

困難です。自身の先入観を把握した経験豊かな面接官と一緒に面接を実施するなどして学んでいきましょう。

❷ 先入観を形成するような情報を面接前に見ない

学歴や適性検査の結果など、面接前に受け取る情報の中には、応募者に対する先入観を形成するものが含まれています。ある採用担当者は、「面接官たちが『高学歴の学生は静かだ』と口をそろえて言っていたのですが、事前に学歴を見せないようにしたら、そういう評価はなくなりました」と言っていました。

不要な先入観が作られるのが明らかな場合、面接前に先入観のもととなる情報を渡さないのも1つの方法です。

❸ 必要な人材を意識させる

「どのような人材を採用したいのか」という人材要件を伝えるのも有効です。例えば、「素直な人材を獲得したい」とだけ共有するのではなく、「ここでいう素直さとは、他者からの助言を受け入れて、自分の行動を即座に改善すること」というように、具体的な定義も一緒に伝えるようにします。人材要件を意識すれば、妥当な見極めが行われやすくなります。

先入観は抑え込むのではなく自覚する

自分の先入観を知ることが必要だ。

面接官同士のフィードバックを活用すれば、先入観を補正することができる。

面接前に、先入観のもととなる情報を面接官に与えないのも1つの手だ。

採用力アップのためのヒント

部下との関係においても先入観は危険！

「今度うちの部署に来たAくんは、以前問題を起こして退職したBくんに風貌《ふうぼう》が似てるな。きっとこの人も……」とか、「Cさんの声はいつも小さい。どうせ顧客との商談もあんな調子で信用されていないに違いない」とか、「Dくんはいつもパリッとしたスーツを着ているし、ネクタイのセンスもいい。きっと提案書もいいものを作っていることだろう」とか……。ある種の先入観や、何の根拠もなしに決めつけていることはありませんか？　「彼はA型だから几帳面なんだ」とか、「O型だから仕事もおおざっぱなんだよね」とか。お酒の場だけならいざ知らず、本気でそう信じている管理職が私のまわりにも意外に多くいます。

偏《かたよ》った評価は、採用時だけでなく部下との関係作りにも悪い影響を与えます。根拠のない思い込みで評価され、実際の行動や成果が軽視されるようになる。そんな雰囲気の職場で頑張ろうという人はいないのではないでしょうか。先入観や固定観念を完全に取り払うのは難しいことですが、「仕方ない」では済まされません。だったら逆手にとって、先入観を人物理解に利用してみるのも一手です。自分の中にある先入観を意識的に表に出してみて、例えば「A型は几帳面だって根拠のないことを言う人がいるけれど、当のA型のあなたはどう思う？」とぶつけてみるとか。そうすると、その人が自分をどう思っているかを引き出すきっかけにもなりますし、それによっていままでのその人に対する先入観を崩すことにもなります。人物や物事を偏見なく、公平公正な目で見ることは、上に立つビジネスパーソンにとって必須の条件です。

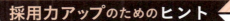

これって常識？

面接シートは作り込んだほうがいい？

面接の場に面接シート（面接評定表）を用意する採用担当者も多いでしょう。面接シートとは「面接で何を聞けばよいか」「どのように評価すればよいか」を支援する用紙のことです。

採用担当者の中には、こだわりをもって詳細な項目からなる面接シートを作成している人もいます。面接シートを作り込むほど厳密な評価ができると考えているのです。

「作り込まれた」面接シートが面接の障害になる

面接は人間が行うものなので、評価がズレるのは自然なことです。会社によっては、採用担当者だけではなく、現場社員が面接を担当することもあるので、なおさらズレが生じやすくなります。そこで、少しでもズレを小さくするために、多くの会社で面接シートが使われています。

面接シートは、おおむね「応募者の情報」「面接で評価するポイント」「面接時の質問例」「応募者の評価欄」「面接官の感想」「次の選考への申し送り事項」といった項目で構成されています。**面接シートに基づいて質問したり評価したりすれば、会社として一貫性のある見極めができます。つまり、面接シートは面接官と見極めの内容や基準を共有するためのツールにもなるのです。**このような背景から、採用担当者は細かくシートの項目を作り込もうとします。

作り込まれた面接シートを使えば、一見、応募者を見極める精度が上がるように思えます。確かに、面接における質問例や合否の判断基準が細かく設定されていると、応募者の入社後のパフォーマンスを予測できるという研究結果もあります。

しかし、採用担当者以外の社員は、採用担当者が細かく作り込んだ面接シートの意図を、本当に理解して使えるのでしょうか。

一般にどんなものでも、ツールの「作り手」と「使い手」には温度差があります。実際に、「使い手」は「作り手」ほどは、ツールの中身を把握していません。

使い手のことを配慮していない面接シートの例を示しましょう（左図）。この面接シートには5点の問題が含まれています。

❶評定項目の定義が抽象的

「傾聴力」の定義が「他者の話をしっかり聞くこと」となっていますが、いつもしっかり聞く必要があるのか、他者とは誰か、しっかりとはどの程度かなど、疑問が浮かびます。このように応募者の何を見極めればいいのか迷ってしまいます。

❷評定項目の数が多すぎる

評定項目が多いと、面接時間内に評価し終えることができなかったり、評定項目を覚えておけず、評価に必要な情報を聞き忘れたりする事態が生じます。

❸先入観を誘発する情報が掲載されている

先入観を与える恐れのある情報があると、先入観を強化するだけの面接になる可能性があります。面接の前や途中に与えず、面接終了後に提供するのがよいでしょう。

ダメな面接シート（例）

NG! ❶ 評定項目の定義が抽象的で、評価ができない

NG! ❸ 先入観を誘発する情報が含まれている

NG! ❹ 面接の進め方がイメージできない

面接評定表

受験者氏名＿＿＿＿　性別＿＿　学歴＿＿＿＿　面接官氏名＿＿＿＿

評定項目	定義	評定
傾聴力	他者の話をしっかりと聞くこと	1・2・3・4・5
発信力	自分の意見を周囲に伝えること	1・2・3・4・5
配慮力	相手の気持ちを考慮して行動すること	1・2・3・4・5
成長力	常に改善を意識していること	1・2・3・4・5
説明力	論理的に話ができること	1・2・3・4・5
指導力	他者から慕われていること	1・2・3・4・5
粘り強さ	苦境に立ってもやり抜くこと	1・2・3・4・5
打たれ強さ	失敗してもめげないこと	1・2・3・4・5
	計	（　　　）点

評定結果	採用したい　・　どちらとも言えない　・　採用したくない

特記事項

NG! ❺ どんな内容を書いてほしいのかわからない

NG! ❷ 項目が多すぎて、面接時間内にすべてチェックしきれない

このような面接シートでは、面接官は使いこなせません。特に点数づけの基準などは、事前のすり合わせがないと判断できないでしょう

→解決策はP.140で解説

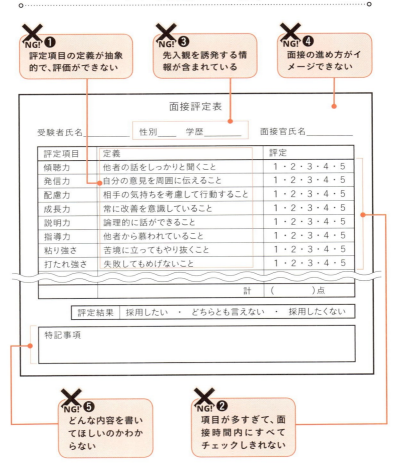

❹面接の進め方がわからない

この面接シートでは、面接の進め方が見えてきません。自然な会話が交わすことができるような順番に項目を並べるなどの工夫が必要です。

❺「特記事項」に何を書けばよいのかわからない

事前に具体的な指示がなければ、各面接官の判断で適当に記入するしかありません。これでは、内容も分量も面接官によってバラバラになってしまいます。

使い手である面接官に、どう使ってもらいたいのかを伝えていなければ、面接シートの利用は難しくなります。このような面接シートでは、面接が上手くいかないのは目に見えています。

応募者とのコミュニケーションにマイナスになる

面接シートの存在は、応募者との関係作りにおいてもマイナスに働きます。面接官が面接シートにばかり目がいっているのを見て、応募者は何を思うでしょうか。私たちが応募者に対して面接に関する調査を行ったところ、1人の応募者はこう言っていました。「面接官の印象がよくなかったです。ずっと手元ばかり見て、用意された質問を私に投げて終わりという感じで、上手く会話のキャッチボールができないまま面接は終了。入りたいと思っていた会社だったのに志望度が下がってしまって、結局その会社は選びませんでした」と。

作り込まれた面接シートを与えられた使い手（面接官）は、面接シートを使うことに必死になります。そうなると、応募者との円滑なコミュニケーションが難しくなります。ただでさえ使うのが難しい面接シートなのですから、それを利用しながら会話を組み立てるのはもっと大変です。

このように面接シートが過度に作り込まれているせいで、面接が本来の役割を全《まっと》うできないことがあります。上手に面接シートを利用しつつ、上手く面接を進行するには、どうしたらいいのでしょうか。

まとめ

- **面接シートは採用担当者以外の社員が面接官を務めても、適正な評価を行えるようにするためのものである。**
- **面接シートが作り込まれたものであるほど、利用の難易度が高くなる。**
- **面接シートを使うのに精いっぱいになり、面接官が応募者と円滑なコミュニケーションをとれない。そのことは、応募者の入社意欲を低下させる。**

これが常識！

面接シートは「見極め」に使おう

作り手が面接シートを作り込むほど、使う側の難易度が上がります。それにより、かえって採用の成果が下がることが往々《おうおう》にしてあります。

面接シートは「見極めのときに使う」と用途を限定しましょう。なぜなら、面接シートは応募者を評価するためのツールだからです。

面接では「見極め」と「動機形成」が大事

面接シートの話に入る前に、面接において企業が行うべきことを整理しましょう。**企業は応募者に対し、面接で2つのことをしなければなりません。それは「見極め」と「動機形成」です。**

❶「見極め」……応募者の能力・自社への適性を見極める

見極めとは、「企業が応募者を評価する」ことです。例えば、企業側が応募者に過去の経験を尋《たず》ねます。その上で、人材要件に照らし合わせて必要な人材かどうかを判断します。

❷「動機形成」……自社への入社意欲を高める

動機形成は「企業が応募者に評価してもらう」ことです。例えば、応募者が企業選びで重視している観点を把握し、それに合った自社の特徴を紹介します。

「見極め」と「動機形成」では、面接官に求められることが異なります。**「見極め」においては冷静で客観的な判断が必要です。「動機形成」においては応募者を惹きつけることが必要になります。「応募者を評価すること」と「入社したいと思ってもら**

うこと」とは分けて考えなければなりません。

これらを1つの面接で1人の面接官が同時に行うのは難しいものです。そこで、役割分担をすることをおすすめします。「○○さんは見極め役、△△さんは動機形成役」というように、「見極め役」と「動機形成役」を分けるのです。あるいは、「一次面接は動機形成」「二次面接は見極めが主目的」と分けてもよいでしょう。

「見極め」だけ上手くいっても、「動機形成」が不十分なら応募者は入社してくれません。「動機形成」だけ上手くいっても、「見極め」が不十分なら入社後に苦労します。つまり片方でも欠けると、採用は上手くいかないのです。

面接シートは「見極め」の際に活用する

面接シートを上手く使えば、一貫性のある客観的な判断が可能になります。その意味で、面接シートは「見極め」に適したツールなのです。

見極めに限定して面接シートを活用する際、2つのポイントがあります。

❶会話の流れを意識してシートを作成する

面接シートを使うことで、会話が不自然になるのは避けたいところです。面接シートは上から下に向かって、会話の流れを意識して作成するとよいでしょう。

例えば、「当たり障りのない話題から入る」→「応募者を取り巻く現在の環境を聞く」→「過去の経験にさかのぼって聞く」→「応募者自身の価値観に関わる深い部分をヒアリングする」といった流れが考えられます。

❷面接シートの制作意図を、使い手に伝える

使い手との認識のギャップを埋めるため、作り手は面接シートに込めた意図を使い手に説明する必要があります。対面でしっかり伝えるのが効果的です。

可能であれば、作成にあたって現場社員（面接官）にインタビューを実施してもよいでしょう。「ほしい人材要件やその要件をもつ人の見極め」について、一緒に考えてもらうのです。その過程で出たアイデアをもとに面接シートを作れば、共通認識が生まれて使い手の理解もうながせます。

さらに、はじめから完全な面接シートは作れません。面接シートを使った面接官に、「使ってみてどうだったか」を聞いてみましょう。評価の一貫性は大事ですが、問題があるようなら修正するのも一策です。

このように面接シートは、見極めで使用することで有用性を高めることができます。

面接シートは「見極め」で使用するのがベスト

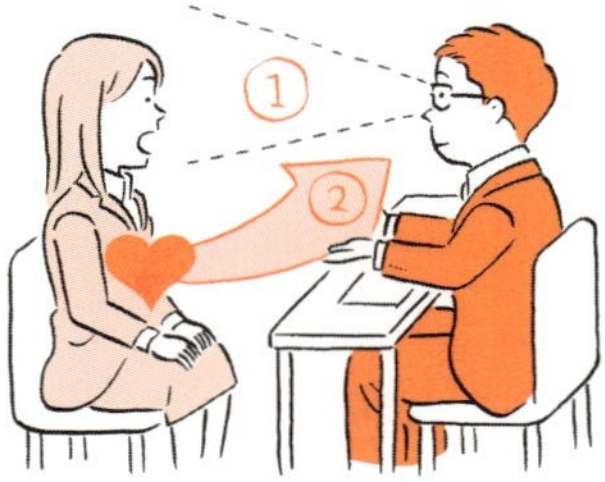

採用面接では、①見極めと②動機形成の2つを行う。

面接シートは①見極めで使用するのに適したツールである。

面接シートは、会話の流れを想定して面接官と一緒に作成するとよい。

採用力アップのためのヒント

いいツールをもたせても、売れない営業マンはやっぱり売れない

営業経験者なら「ああ、確かに……」と思うかもしれませんね。

どんなによくできた営業ツールをもたせても、売れない営業マンはやっぱり売れません。売れる営業マンは、営業ツールに記載されている商品の特徴やポイントはもちろんのこと、そのツールの意図するところをしっかりと把握した上で、顧客と向き合っているから、状況に応じて使いこなすことができます。

面接シートと面接官の関係も同じです。どんなに緻密《ちみつ》に練り上げた面接シートを用意したとしても、そのシートが意図するところを面接官が理解していなければ無用の長物です。意図した評定項目や尺度での評価とならず、主観的で偏《かたよ》った評価をしてしまう恐れがあります。面接官が自分より年長のベテラン社員の場合は、特に厄介《やっかい》です。「俺様にあれこれ指図するとは何事だ！ 人を見る目は俺のほうが確かなんだぞ」などと思われてしまうこともあります。とはいえ、そういう人たちにも作成された面接シートの意図を伝えることが大切です。重要なポイントを伝え、客観的な見極めをしてもらわなければなりません。

では、どうすればいいのか。スマートじゃないと思われるかもしれませんが、面接官のところに出向いていって、対面でのコミュニケーションをとることをおすすめします。いちばんの目的は、採用担当者であるあなたと面接官との信頼関係を築き上げることにあります。互いの信頼関係さえできれば、面接シート作成の意図も評定のポイントも理解し、納得してもらうことができます。人を動かせるのは人です。急がば回れです。

これって常識？

志望動機をきちんと語れない人は落とす？

2人の人が、あなたの会社の面接を受けにきました。1人はあなたの会社を志望する理由を饒舌《じょうぜつ》に語り、もう1人は志望理由の説明が拙《つたな》い状態です。あなたは、どちらの応募者を高く評価しますか。

一般的には「志望動機をうまく語れる人」のほうに、高い評価をつけることが多いでしょう。

しかしそれは、本当に適切な評価なのでしょうか。

なぜ志望動機を聞いてしまうのか？

多くの企業が、エントリーの段階から「志望動機」に重点を置いています。『就職白書2018』（就職みらい研究所）によれば、「企業が採用基準で重視する項目」として、「人柄」に次いで「自社／その企業への熱意」が2番目に高いという結果が出ています。「自社／その企業への熱意」とは、ここでいう志望動機を意味します。

それにしても、どうして企業は何度も志望動機を聞いてしまうのでしょう。それには、主に2つの理由が考えられます。

❶入社後に会社になじみやすい

1つは、志望動機がしっかりしている人は、入社後に会社になじみやすい傾向にあるからです。入社後に「あれ？　ちょっと思っていたのとは違った……」と感じたとき、志望度が高い人なら「でも、自分で望んで入った会社。もう少し頑張ろう」などと思いとどまってくれる可能性があります。**このように志望動機がしっかりしていることは、入社後の適応・定着にポジティブな影響を与えると考えられています。**

❷「御社に入社したい」と言ってほしい

応募者に「御社にぜひ入りたいです！」と言ってもらえると、それを聞いた社員は純粋に嬉しくなります。応募者は多少なりとも「入社したい」と思ってエントリーしています。それにもかかわらず、エントリーや面接など、ことあるごとに志望動機を尋《たず》ねてしまうのは、「この人はうちに入ってくれるだろう」と安心を得たいからなのです。

志望動機の形成を応募者任せにしている

「志望動機を上手に話せないから、その人のことは評価しない」という考え方の背後には、志望動機の形成を「応募者任せ」にする心理があります。しかし、この心理は企業がよりよい採用活動を行う足かせになってしまいます。

例えば、購買動機（商品を買おうという気持ち）が上がりきっていない人は「だめなお客さま」でしょうか。

「購買動機が上がらないのは顧客側だけの問題ではなく、商品を売る側（企業）の工夫が足りなかったからだ」と考えるほうが成果も上がるはずです。

採用も同じです。**「うちの会社に来たい理由をきちんと説明できない人はダメだ」**

と切り捨てず、「どうすれば志望動機をもってもらえるか」という方向に思考を転換するべきなのです。

応募者は就職活動を通じて、情報を収集・評価し続けます。そのことによって、自分の希望に合った企業を選び取っていきます。その中で、時間をかけて企業への志望動機を具体化させていくのです。

志望動機は、突然ふってくるものではありません。企業は志望動機作りを応募者任せにするのではなく、「志望動機は企業と応募者が一緒に作っていくもの」と考えたほうがよいでしょう。

まとめ

- 企業は「御社に入社したい！」と言われたい心理から、何度も採用過程で志望動機を尋ねてしまう。
- 応募者が志望動機を上手く話せないと、企業は低い評価を与えがちである。
- 企業は志望動機の形成を応募者任せにしているが、志望動機は、企業が応募者と一緒に作っていくものである。

これが常識！

志望動機は企業と応募者が一緒に作る！

採用過程を通して、応募者は「この会社は自分と合っている」というストーリーを紡《つむ》いでいき、志望度を醸成していきます。

このようなプロセスを「応募者任せ」にせず、応募者に寄り添って志望動機を作り上げるのが企業の役割です。

では、どのように志望動機を作ればよいのでしょうか。

志望動機は自分と企業とを結びつけるストーリー

志望動機は、就職活動において情報を収集・評価する学習プロセスを経ながら、少しずつ形作られていきます。また、志望動機を作るのは応募者だけの役目ではありません。採用活動を通して、企業が応募者とともに作り上げていくものです。

では、応募者と企業による共同制作物としての志望動機を、どのような考え方で作っていけばよいのでしょうか。

志望動機は、応募者が「自分と企業とを結びつけようとする」物語です。

例えば、「私は、大学で身につけた技術力を生かしたい。A社はその技術力を活用できる仕事を提供してくれる。さらには、技術力を鍛える研修制度も充実している。だから、私とA社は合っている」という具合に**「私は◯◯だ。A社は△△だ。だから、私とA社は合っている。」という型がストーリーの基本となります。**

ある会社では、選抜が本格的に始まる時期に、採用担当者が若手社員・内定者を対象に「なぜ自社を選んだのか」を尋《たず》ね、さらに若手社員に対しては「入社してよかったと思う点」も聞いていました。

インタビューで得ようとしたのは、若手社員・内定者による志望動機のストーリーであり、ストーリーを構成する「言葉」でした。

その会社では、例えば、「業界を変える」「難しい課題」「成長実感」「上司にも意見できる」「変化が常」「行動で示す」といった言葉があげられていました。採用担当者は、それらの言葉を整理して、リクルーターや面接官に、面接マニュアルの補足資料として配布しました。**過去のストーリーに使われた言葉は、新しいストーリーを作る素材になるからです。**

十分な語彙《ごい》をもっていないと、ストーリーは書きにくいものです。企業側が事前に言葉の素材を集めておけば、応募者が志望動機というストーリーを作ろうとする際の助けになります。

ストーリーのつくりかた

志望動機を一緒に作るというのは、応募者にとって、「不完全な志望動機」を企業側にさらけ出すことでもあります。応募者は自分が見極められる場では、「自分をアピールしなければならない」と感じ、不完全さを隠そうとします。

そこで面接など、評価を意識する機会を避け、なおかつ面接官を務めない社員、または採用担当者が応募者と個別に会うようにしましょう。

志望動機を作る際に、応募者に尋《たず》ねるべきなのは「どんな基準で企業を選んでいるのか」です。応募者本人の価値観や特性が反映されやすい「企業選びの基準」を聞く中で、応募者のことを深く知ろうとします。

例えば、「充実した福利厚生」を求める背景には、「ワークライフバランスを保った働き方がしたい」という価値観があるかもしれません。

応募者個人のことがわかってきたら、事前に蓄積しておいた言葉の出番です。応募者の価値観や特性が生きると思う場面・状況・風土・仕組みに関する言葉を応募者に提示します。「ワークライフバランスを保って、働きたいんですね。うちの会社には有休取得の理由を言わなくてもいいという風土があります。有休をとるのは社員の権利です。しっかり働いてしっかり休むのが、うちの考え方です」という具合です。

志望動機を作る上での注意点

次に、志望動機のストーリーを作る上での3つのポイントを紹介します。

❶「現実に即したもの」にする

ストーリー作りには、応募者の意欲や能力、企業の実態を言語化していくことが必

要です。

企業が「うちには育成する力があるから、即戦力がほしいわけではなく、経験していく中で仕事ができるようになってくれればいい」と考えていたとします。その事実を応募者と共有すれば、応募者と一緒に「2年目までの育成期間で自分の能力・適性を見極め、3年目に自分の得意な能力が伸びる部署に異動して、その後は、この会社で活躍する人材になろう」といった具合に、事実を踏まえたストーリーを構築することができます。

❷将来の「働き方をイメージできるもの」にする

ストーリーの内容は応募者にとって、入社後の働き方に対するイメージを高めるものになるべきです。

「5年後までに、このスキルを身につければ、このような仕事ができる可能性が高い。その仕事では、1年のある時期は残業が多いが、それ以外は定時で帰宅できる。しかも、業務時間内にさらなるスキルアップのための外部研修を受講できる」というように、**「この会社に入社したら、自分はどんな働き方をするか」がイメージできるように、志望動機を作りましょう。働き方のイメージやスキルアップのビジョンを思い描きやすくなり、入社を決意する助けとなります。**

❸「変わりにくいもの」で構成する

私の「○○」と企業の「△△」には、「変わりにくいもの」を入れましょう。**「変わりやすいもの」だと、入社後に状況が変わり、応募者と企業のミスマッチに転化しかねないからです。**

「4、5年目に一人前になればいい」という点が今後も変わらないのであれば、そうした内容を盛り込みましょう。逆に、「新規事業への配属」といった「変わりやすいもの」（その新規事業自体がなくなってしまうかもしれない）はストーリーを形成するときに使わないほうがいいでしょう。

これらのポイントに気をつけつつ、企業と応募者との間に、その両者でないと紡ぎ出せない志望動機のストーリーを練っていきましょう。

応募者と一緒に志望動機を作ろう

志望動機は、応募者が自分と企業を結びつけようとするストーリーである。

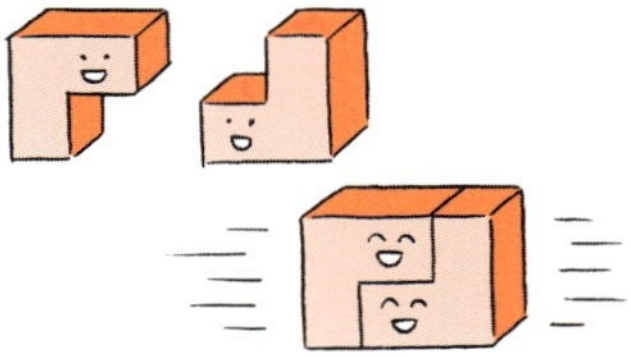

ストーリーは、「私」は○○だ。「A社」は△△だ。だから「私」と「A社」は合っているという型をとる。

○○や△△を構成する「言葉」の候補を、社員や内定者から収集しておくとよい。

ストーリーは、
①現実に即したもの
②将来の働き方をイメージできるもの
③変わりにくいもの
で構成する。

採用力アップのためのヒント

志望度では合否を決めない

私は採用の仕事に携わって20年以上になりますが、応募者の志望度で採用の合否を決めるのはナンセンスであると、かねてから考えています。その人の志望度と能力・適性とは、何の関係もないからです。志望度が高いから優秀、低いから能力や適性がない、ということは絶対にありません。

しかし現実には、志望度が高い応募者には実力以上の評価を与え、志望度が相対的に低い応募者をあまり評価しない傾向にあります。無意識にそうしてしまっている場合もあるので、注意が必要です。

まずは、志望度や志望動機を尋ねるのをやめることです。その代わりに、「あなたが会社を選択する際に大事にしていることは何ですか？」という質問をしてみてはどうでしょうか。「当社を志望する理由」ではなく、「入社する会社を選ぶ際に大事にすること」を深掘りしていくのです。そのことで応募者の志向や価値観をつかみ、自社との相性（マッチ度）を推し量ることができます。

矛盾するように思われるかもしれませんが、「確固たる志望動機がある」「高い志望度をもっている」ということは、応募者が入社を決める上で重要な要素となります。そればかりでなく、入社後の早期離職を防ぐことにもなります。ですから、採用担当者はそれらを採否の判断材料にするのではなく、醸成《じょうせい》させ、高めるために何をすればいいのかということに関心をもつべきなのです。応募者の志向や価値観がつかめれば、そのための施策を打つこと（例えば、同じ価値観をもつ先輩との面談の場を作る）などもできるでしょう。

これって常識？

コミュニケーション能力の高い人がいい？

企業によって、どんな人材がほしいかは異なります。

しかしながら、どの企業もこぞってほしいと思っている人材がいます。それは、「コミュニケーション能力が高い人」です。

なぜ企業は、コミュニケーション能力が高い人をほしがるのでしょうか。

どの企業も「コミュニケーション能力」を求めている？

企業が求める人材について、一般社団法人 日本経済団体連合会（経団連）は１９９７年から毎年定点観測で調査を実施しており、16年連続で企業が求める能力の１位に輝き続けているものがあります。それは「コミュニケーション能力」です（→P.158）。

採用面接において、企業は「上手くコミュニケーションをとれない応募者」よりも「上手くコミュニケーションのとれる応募者」に高い評価を与えやすいのです。

コミュニケーションが上手な応募者は、「協調性がありそう」「上司とも上手くやれそう」「問題が起こっても対処できそう」など、仕事を円滑に行えることを期待されます。

また、一般的に社交的な人のほうが面接では評価されます。社交的な人は第一印象がよく、面接官も知らず知らずのうちに肯定的な評価をしてしまうのでしょう。

しかし、「コミュニケーション能力」という言葉は、使う人によって意味が異なるので注意が必要です。

一口にコミュニケーション能力といっても、そこにはさまざまな意味合いが含まれています。例えば、「はきはきと受け答えすること」「たくみな質問をすること」「初

選考にあたって特に重視した点

「コミュニケーション能力」が第１位（16年連続）、「主体性」が第２位（10年連続）となった。「チャレンジ精神」は前年に比べて2.8ポイント低下したものの、３年連続で第３位となった。

「選考時に重視する要素」上位５項目の推移

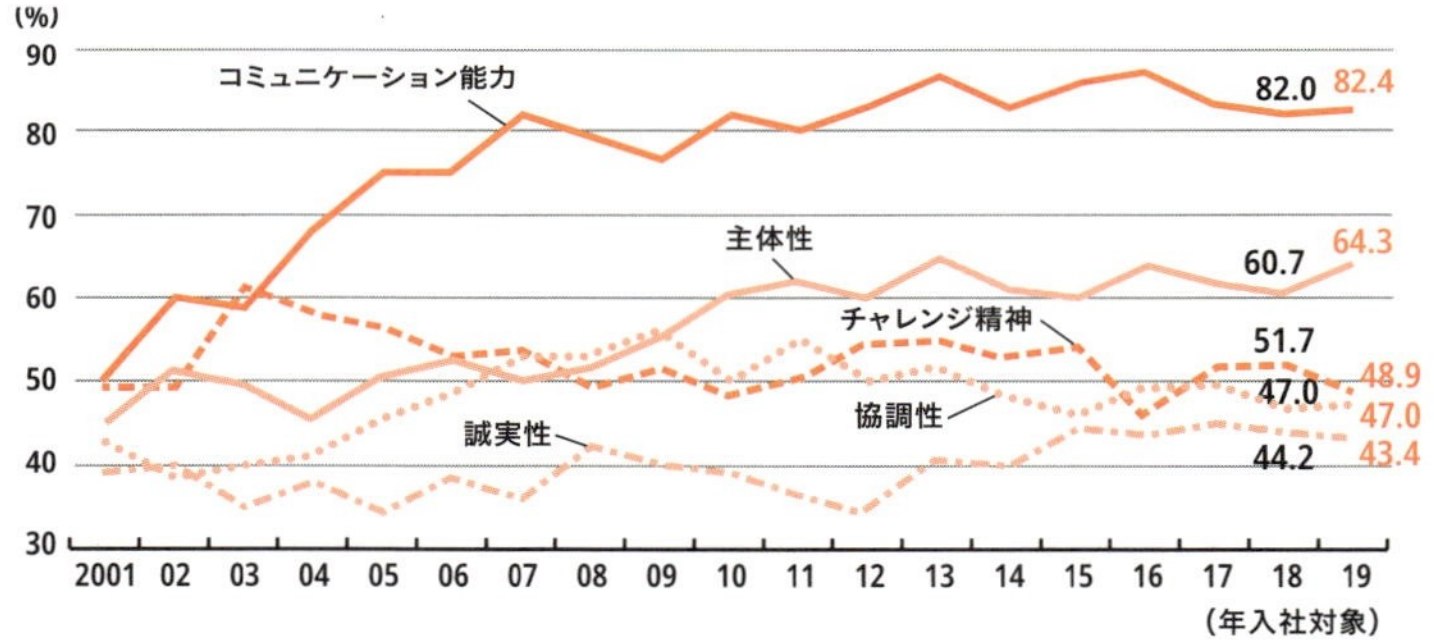

※『2018年度 新卒採用に関するアンケート調査結果』一般社団法人日本経済団体連合会HPより

対面の人とも自然な会話ができること」などが考えられます。

そのため、**それぞれの面接官が別々のコミュニケーション能力を評価している事態がありえます。これでは、評価基準として設定している意味がありません。**

コミュニケーション能力は育成できる

「コミュニケーション能力は育成可能だ」という専門家もいます。選考面接のときにコミュニケーション能力がなくても、会社に入ってから伸ばすことができるということです。

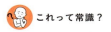

最初から備わっているに越したことはないでしょうが、入社後の研修や慣れなどで、円滑なコミュニケーションができるようになる可能性があります。

もし入社後にコミュニケーション能力を開発できるのであれば、採用時に見極める必要はありません。

むしろ採用時には、「知的能力」「概念的思考力」「活動エネルギー量」「粘り強さ」など、変わりにくいものを見極めるほうが大事です。変わりにくいものの中でも、自社に適応・活躍するために重要な能力を評価するべきです。


コミュニケーション能力を重視すると、応募者が「話が上手い」ということに目が奪われて、「これだけ円滑に話せるのであれば大丈夫だろう」と、その他の能力をよく見極めずに合格を言い渡してしまうおそれがあります。


話が上手いといっても、スムーズに話せるのは自分の得意分野だけだったり、覚えこんだことはスラスラと話せるけれども、アドリブの会話は苦手だったりする人もいます。そういったことに、目が向かなくなるのは問題です。

ある採用担当者が、私に悩みを吐露《とろ》したことを思い出します。「うちの会社は、話下手な人を落とす傾向にあります。でも不合格にした人の中に、うちの会社で活躍できる人がいたのではないかと思うときがあります。不合格者が、同じ業界の他社で活躍している様子を耳にすることがあるからです。面接のときに話下手であっても、慣れれば話せるようになる人もたくさんいるのではないでしょうか」と。

話下手ということを一例に挙げましたが、グループ面接において「積極性がない」「リーダーシップがとれない」などを過剰に気にすると、その人の能力を正しく見極めることができなくなってしまいます。

コミュニケーション能力を「初対面の人に明るく振る舞うこと」と定義した上で、「不問要件」（一般的には評価されているがなくても問題ないという要件）に設定し、採用成果を上げた企業もあります。その会社は営業職を募集していましたが、中長期的に取引をしている顧客が多く、初対面で気に入られる必要がなかったのです。

コミュニケーション能力を不問要件にすえて、他社が敬遠しがちな、明るさを感じられないけれども真面目に仕事に取り組む人材をターゲットにすることで、採用上の競争を回避できていました。「猫も杓子《しゃくし》もコミュニケーション能力」の時代だからこそ、それを逆手にとった戦略も可能だということです。

以上のように、コミュニケーション能力は、面接などで評価の観点にあげられやすい一方、採用の成果には大してつながりません。では、きちんと応募者を評価するには何を基準にすればいいのでしょうか。

まとめ

- 企業が応募者に求める能力として、「コミュニケーション能力」が重視されている。
- コミュニケーション能力は面接官によって定義が異なるため、評価基準として機能しにくい。
- コミュニケーション能力は入社後の育成によって開発できるため、入社時に見極めるメリットは少ない。
- コミュニケーション能力を重視することで、それ以外の能力が見極めにくくなる。

これが常識！

見極める必要のない能力がある

企業が人材要件を検討し始めると、求める能力のリストはあっという間にふくれ上がります。リストすべてに該当する人材を探すのは、現実的ではありません。

仮にそのような人材がいれば、多くの企業がほしがるでしょうから、過酷な獲得競争が待っています。

その獲得競争に加わるよりも、もっと簡単で成果の上がる方法があるのです。

選考で見極めるべき能力を見直そう

採用担当者がやらなければならないのは、「本当に見極める必要のあるもの」を絞り込むことです。「コミュニケーション能力」の他に採用の場面で見るべき能力があります。

選考において見極めが必要なものと不要なものを明確にするための2つの観点を紹介しましょう。

❶入社1・2年目を生き残るために必要な能力

入社前に必要最低限もっておいてもらいたい能力は、「入社後の1・2年を生き残るための能力」です。

1年目は人間関係を構築しながら、自社の制度、仕事のルールや進め方など、多くのことを学ばなければなりません。2年目は仕事に慣れてきて、会社の中がよくも悪くも見えてきます。「こんなはずじゃなかった」という気持ちにも陥《おちい》りやすくなります。このように1・2年目は、適応するのに苦しみやすい時期です。**まずは、この時期を乗り越えるのに必要な能力を考え、選考で見極めるべき能力として設定しましょう。**

このときに、１・２年目の労働環境を考慮することが重要です。労働環境は会社によって異なります。ＯＪＴ（※１）が整備されていて、上司から育成の支援を受けやすい会社もあれば、そうでない会社もあります。前者の場合、支援を受け止めて「真面目に取り組む人」が人材要件となるかもしれません。後者の場合は、「自律的に周囲に働きかけられる人」を人材要件にする必要があるでしょう。

❷ 入社３年目以降にも必要で、育成が難しい能力

「入社３年目以降にも必要だが、育成が困難なもの」も、選考時点の人材要件に入れておきたいところです。

特に重要なのは「育成が困難なもの」のほうです。例えば、顧客との商談や資料作成に多くの時間がとられる仕事環境では、「営業データを分析するスキル」を磨くのは難しいかもしれません。一般的に、データ分析スキルはすぐに身につきません。それは継続的な学習のすえに獲得できるものであり、学習に時間をとりにくい環境では、身につきにくいものです。データ分析スキルをもっていることが、その会社で働く上で重要かつ有効であれば、「データ分析スキル」は人材要件に入れたほうがいいでしょう。

３年目以降にも必要なものの中には、入社後に育成可能なものが含まれているかもしれません。ただし、それらが学習できる環境が社内に存在することが前提になりま

※1　**OJT**：On the Job Training の略。仕事現場における、業務を通した教育・育成支援のこと。

す。例えば、「業界の動向に関する知識」は仕事をしながら先輩や上司とやりとりする中で学べます。他にも、「顧客志向に基づいて行動すること」「口頭でのコミュニケーションの上手さ」は、入社後に育成できるといわれています。

業務を振り返り、見極めが必要な能力を考える

最後に、要件の絞り込みに取り組んだ企業を紹介しましょう。その会社において、新人（入社1・2年目の社員）には「日報」を書く業務がありました。日報で自身の状況を説明・記述して、周囲の支援を得るためです。そこで人材要件として、「自分の置かれた状況を記述するスキル」（必須要件）を設定しました。

さらにこの会社は、1年の中で何度も変化が訪れる傾向にありました。そういう変化が必要な業界であり、オーナー企業であったためです。「何かあればすぐに切り替えて、新方針のもとで行動を起こせる」という能力は入社後の教育ではなかなか身につかないという現場の声もあり、「変化対応力」（必須要件）を設定しました。

業務の性質を振り返ることで、見極めが必要な能力を絞り込むことができたのです。現場社員や経営層とディスカッションを重ね、自社で働く上で本当に必要な能力は何かを検討しましょう。

入社してからのことを考えて応募者を見極める

1

「入社前に最低限もっていてほしい能力」と「入社後に育成できる能力」を明確にする。

2

「育成できる能力」は人材要件に入れない。

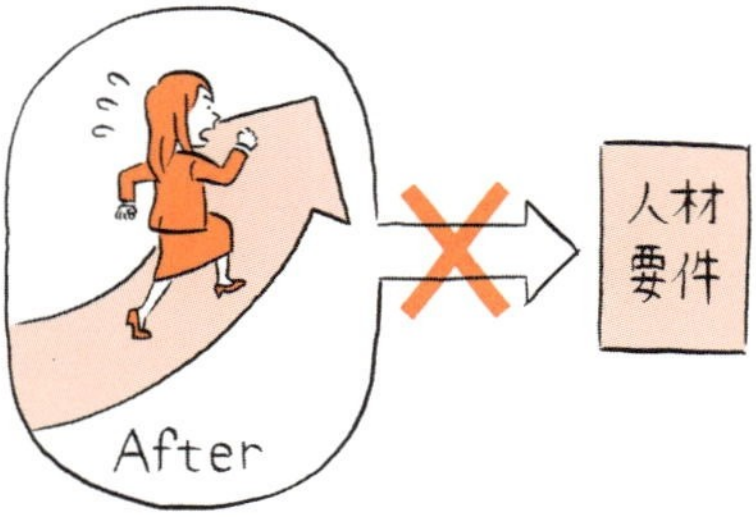

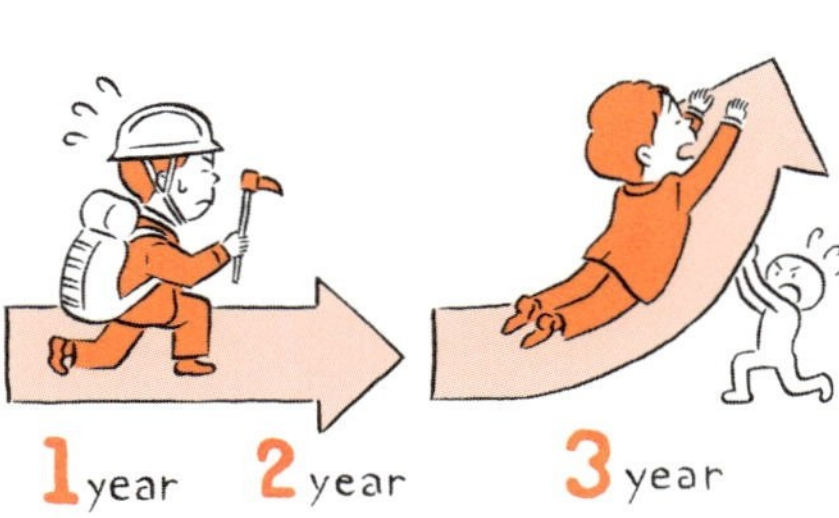

3

「入社1･2年目を生き残るための能力」と「3年目以降、育成困難なもの」を人材要件に入れる。

採用力アップのためのヒント

みんな「コミュニケーション能力」と言いたいだけ

本文でも触れているように、コミュニケーション能力は採用基準においてダントツの一番人気です。猫も杓子《しゃくし》も「コミュニケーション能力」。経営者も採用担当者も学生も大学の就職指導の教職員も、二言目には「コミュニケーション能力」。まるで閉店前の大安売りの状態です（笑）。にもかかわらず、使う人によってさまざまな解釈をされています。さまざまな解釈ができて、上から反対されることもなく、議論する手間もなくて便利だからという理由で採用基準にしている会社もあるといいますから、情けない限りです。「言葉の定義ができない会社のほうこそコミュニケーション能力がないのでは？」と、皮肉の１つもいいたくなります。

「挨拶の声が小さい」とか「敬語がうまく使えない」などという理由だけで、不合格にしている面接官もいるそうです。確かに、声が小さかったり敬語が使えなかったりするのは、あまり褒《ほ》められたことではありません。しかし、それは１週間も訓練すれば改善できることです。面接という特殊な環境で、緊張のあまりそうなっていただけかもしれません。こういった入社後の訓練によっていくらでも改善できることや、面接という特殊な環境下での表層的な事柄に目を向けて合否の判断をするのは、とてももったいないことです。

こんな「もったいない」を減らすために、Chapter 1でも説明している必須要件、優秀要件、ネガティブ要件、不問要件を、経営陣とじっくりと議論して定めていきましょう。特に、不問要件をきちんと定めることで、いままでなら不合格にしていたダイヤの原石を発掘できるかもしれません。

これって常識？

社風に合うかは応募者が決める？

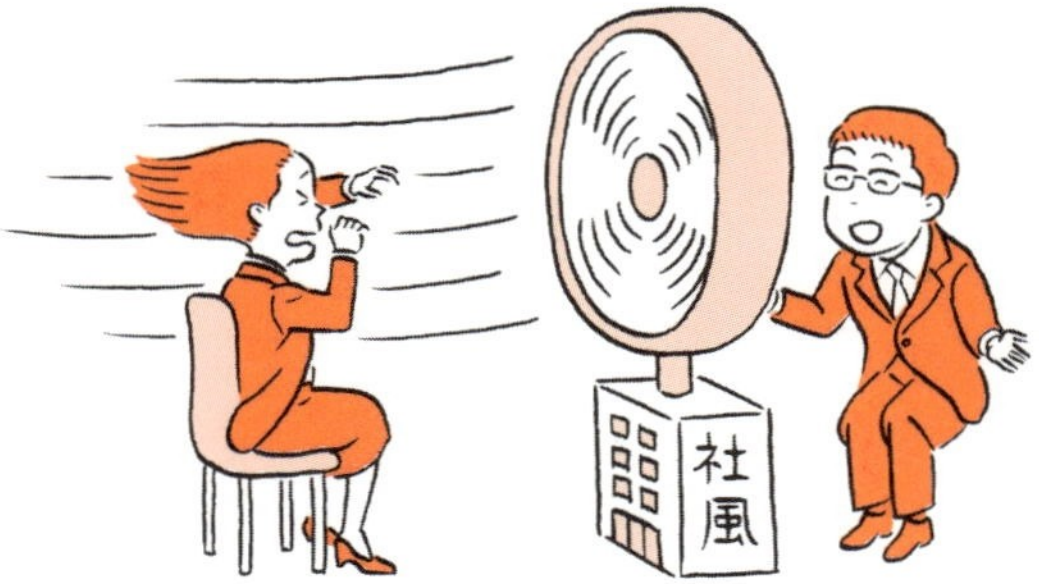

企業はさまざまな場面で、「自社の社風」を応募者に伝えたり、採用面接などで社員とやりとりさせて理解してもらったりします。応募者に「入社の決め手」を聞くと、「社風」だと答える人も多くいます。

一見、両者の狙いがマッチしているように見えます。しかし、このことには大きな問題点が潜《ひそ》んでいるのです。

社風に合わない人が入社したらどうなる？

企業が社風とのマッチングを気にするのは、社風に合わない人を採るとさまざまな「コスト」がかかるからです。

いったいどんなコストがかかるのか、応募者と企業それぞれの視点から考えてみましょう。一般的にコストとは、ヒト・モノ・カネといった資源の使用のことをいいますが、この場合は、時間的・身体的・物理的・精神的な負担がかかることを指します。

❶応募者にかかるコスト

応募者が、自分と合わない社風をもつ会社に入ったとしましょう。自分に合わない社風に対して、ネガティブな気持ちにならないように気をつけなければなりません。社風に合わせて自分の性格や振る舞いを修正していく努力も求められます。**社風と本人にギャップがあれば、その分、本人が組織に慣れるための「適応コスト」がかかるのです。**

❷企業にかかるコスト

社風に合わない人が入社すると、さまざまな場面で周囲は違和感を覚えます。例え

社風に合わない人が入社するとコストがふくらむ

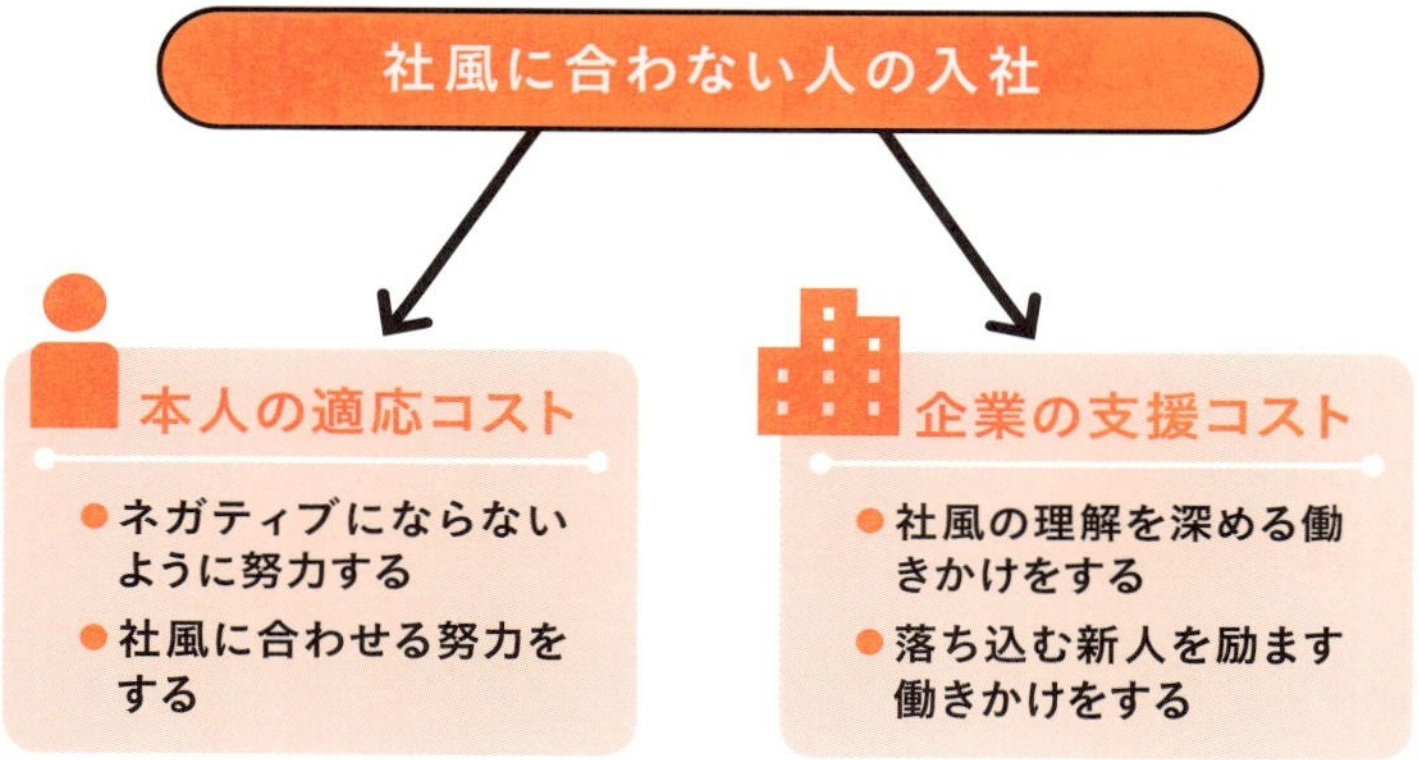

ば、「これは○○という理由で、うちの会社では当たり前にやっていることだ」などと、社風に合った人が入社していれば不要であった説明をしなければなりません。

また、社風に合わないがゆえに落ち込む新人を、励ます時間が必要になるかもしれません。**周囲には本人の違和感を取り除くための働きかけが求められ、周囲の「支援コスト」がふくらみます。**

このように、社風に合わない人が入社すると、入社した本人と企業の双方に余計なコストがかかります。

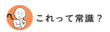

社風に合った人が入社したらどうなる？

社風と本人がマッチしていると、その人は組織にスムーズになじみます。新人が乗り越えるべき課題の１つに、「文化的社会化」というものがあります。これは、社風を理解し、うまく振る舞えるようになることを指します。

例えば、スピードを重視する社風の会社においては、「メールを1時間以内に返信しなければ遅い」など、どの程度のスピードが求められているかを具体的に理解し、求められるスピードを体現できるようにならなければなりません。

あるいは、常に新しいことを求める社風の会社では、自分の仕事に慣れてきたら、改善点を上司に提案できるようになるべきですし、プロセス志向の風土を持つ会社の中では、目標を達成することよりも、なぜ、どのような方法で達成できたのかを理解し、周囲に説明できるようになる必要があります。

どんな人でも、入社直後は新しい社風に慣れずに戸惑うものです。問題は、社風に慣れるまでの「コスト」の量なのです。**社風に合った人を採用できれば、文化的社会化が円滑に進みます。それゆえ企業は、「社風に合った人」がほしいのです。**

社風との適合は企業選びの基準になる

応募者は、「この会社は自分に合っている」と感じる企業を選びます。その判断をするために、社風はとても重要な材料となります。

応募者に社風を見せて、自分に合っているかを応募者に判断してもらう。その結果、合っていると思うなら自社に来てもらう。

この方法は一見、合理的に見えます。しかし、この方法には根本的な問題が奥深くに潜《ひそ》んでいます。

それは、社風に合っているかどうかの判断を「応募者任せ」にしている点です。

社風と応募者のマッチングの判断を応募者に任せない

社風の判断を応募者に任せることには、限界があります。応募者は、いま受けている企業の実態をそこまで知りません。まだ入社していないのですから当然です。

応募者は目にし、耳にした限りの社風の「かけら」をどうにか集めて、自分に合っているかを考えなければなりません。社風とのマッチングを判断するとき、「よくわからないけれど、賭《か》けてみるしかない」という応募者の声を聞いたこともあります。

これは、結局は入社してみないとわからないというなげきの声です。**応募者はおおよその印象で、自分と社風の適合を判断せざるを得ません。そのため、ついには、もともとその企業に対してもっていたイメージで企業を判断するようになります。もともとのイメージは企業の実態とあまり一致していないことのほうが多いでしょう。**

自社の社風をどうしたら理解してもらえるか、試行錯誤をくり返している企業もあります。しかし、多くの企業は情報を「投げかけて終わり」にしているのではないでしょうか。そのような方法では、応募者に自社の社風を正しく理解してもらえません。

では、どのようにすればよいか、次項で見ていきましょう。

まとめ

- 社風を応募者に理解させることは重要である。
- 社風と本人のマッチングは入社後にまで影響を与える。
- 社風に合わない人が入社すると、本人の適応コストと企業の支援コストがふくらむ。
- 多くの企業は、社風と合っているかどうかの判断を応募者任せにしている。

これが常識！

社風に合っていることを説明しよう

企業は「社風」を理解してもらうように働きかければ、自然と社風に合った人材が入社してくれるだろうと考えています。しかし、このような採用は社風とマッチしているかどうかの判断を「応募者に任せている」点で限界があります。

企業が主導して、応募者の判断を支援することが重要です。

社風を言語化して伝えてみよう

社風とのマッチングについて、「応募者が主体的に判断するもの」という考え方がありますが、今後は「企業主導で応募者の判断を支援するもの」だと考え直しましょう。**そのために必要なのは、企業が「自社の社風とあなた（応募者）は合っている」と、言葉にして伝えることです。**

社風を言語化する際、次の4つの軸で考えてみるとよいでしょう。

- **革新性**：常に新しいことを求め、実験的でリスクをおかすことをいとわない。
- **安定性**：規則を大事にしたり、物事の手続きを守ったりすることを重視する。
- **成果志向**：目標達成を重視したり、プロセスより結果を重んじる。
- **集団志向**：チームで動くことが多く、協力的な雰囲気を重視する。

社風を言語化するための軸はこれだけではありませんが、ヒントにはなるでしょう。さらに自社なりの軸がないか考えてみてください。

社員に「仕事をする中で自社の価値観が表れていると思った瞬間」についてヒアリ

ングするのもよいでしょう。そのような瞬間には、自社の社風が凝縮されているからです。特にトラブルに直面したときなど、ネガティブな場面における社員の思考や振る舞いには社風が顕在化しやすいため、注目に値します。

社風と合う理由を入社後の活躍イメージとともに語る

社風が言語化できたら、今度は応募者のことを言語化してみましょう。応募者に関する言語化は、改まって機会を設定しなくても、面接を利用できます。

「どんな性格か」「どんな能力をもっているか」「自社にどんな期待を抱いているか」など、面接で見聞きした内容をもとに、面接シート（面接評定表）に応募者の特性を書きます。

例えば、物静かではあるが、自分の意見を明確に持っており（性格）、自分の意見を相手に納得できるように論理的かつ簡潔に話すことができ（能力）、当社の、年齢・性別・国籍を問わず意見を交わし合いながらアイデアを磨き上げていく点を評価してくれている（期待）といった具合です。

自社の社風と応募者の特性、この2つがそろったら、応募者が社風に合っているかを検討できます。それぞれの応募者について、自社で働く姿をイメージしてみてください。

社風に合っていると感じた場合も、そうではない場合も、理由を言葉にしましょう。ここでも言語化です。そして、応募者に「入社後の活躍イメージ」を語りましょう。

例えば、「うちの社風は『成果志向』が強い。あなたは学生時代、部活動でチームが勝利するために、創意工夫をこらしてきたと言ったので、うちに合っている。うちに入社したら、数年以内にあなたがチームを率いる場面に出くわすだろう。そのとき、あなたならチームを束ねて成果を出すためにあらゆることを実行しようとするはず。だから、あなたはうちに合っている」と。

このように、内部事情を紹介しながら、社風と合うことを応募者に説明すれば、応募者は心強く思うでしょう。入社後の自分をイメージすることができ、入社意欲を高めることにもつながります。

これが、社風と合うかどうかの判断を、企業が支援するということです。

応募者が社風に合うことを積極的に伝えよう

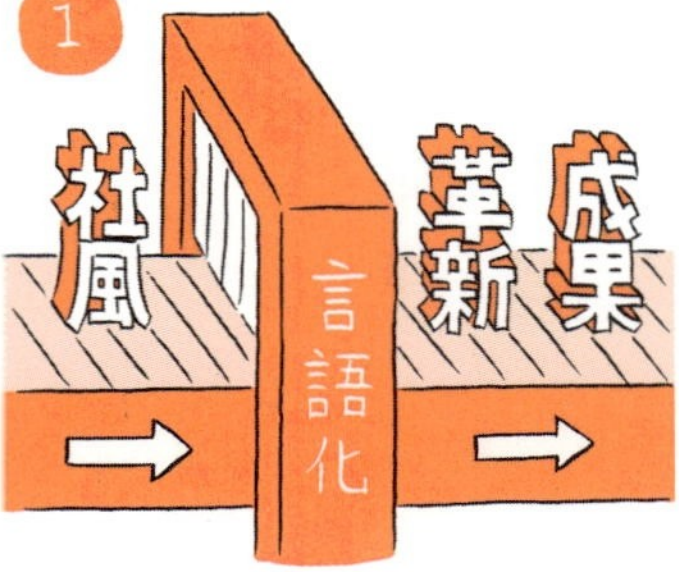

社風を伝えるために、
社風の言語化を行う。

社風と合うかどうか、企業側が
主導して、応募者が判断できる
ようにする。

社風と合う理由は、入社後
の活躍イメージとともに伝える。

応募者は入社後のイメージ
をもつことで、社風を具体的に
理解できる。

採用力アップのためのヒント

「自社らしさ」が社風であり、評価の対象だったりする

社風とは感じるものであり、言葉にするのはなかなか難しいものです。本文中にも言語化のヒントをあげていますが、これで完璧とは言い難いのも事実です。そのため、社風を伝えるのではなく、「うちの会社ではこういう行動や考え方を評価している」という事実を伝えてみるのも１つの方法です。

私の会社（株式会社パフ）では、入社を決意してもらうまでの過程で、新入社員だろうが取締役だろうが、すべての社員に求められる行動基準を説明しています。それは、具体的に社員に求められている日々の行動です。半年に１回、できているかどうかの自己申告と上司のチェックもあり、給与を決める際の重要な要素にもなっています。いうなれば、社風（当社らしさ）を生み出すための行動群ということになります。ちょっとあげてみます。

電話を素早くとっていたか／電話の相手と明るくさわやかで気持ちのよい応対ができていたか／「おはようございます」「お先に失礼します」「お疲れさまです」「行ってきます」「ただいま」などの挨拶を明るく大きな声で行い、挨拶への返しもできていたか／相手が年上でも年下でも、感謝の気持ちを伝えるときに「ありがとうございました」を、心を込めて声に出して言えていたか／考え方や立場の違う相手、あるいは立場の弱い部下や、後輩や協力会社のスタッフに対しても、謙虚で真摯な態度で接することができていたか／愚痴や不平不満を態度や言葉で表すことはなかったか。

どうでしょう？ まるで小学校みたいですが、こういうことを真面目に大事にしている当社の社風は伝わったでしょうか。

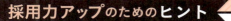

ありがちなダメ質問

面接官の投げかけた質問で、
応募者の志望度を下げてしまうケースがよくあります。
面接官がついついしてしまいがちなダメ質問&態度を、
いくつか紹介しましょう。

NG 1 やりたいことを聞く

あなたは当社に入社して、
どんなことをやってみたいですか？

会社への理解度を知るための質問だが、会社のことは入ってみないとわからないもの。よって、専門職種や、キャリアを重ねた人材の採用の場合を除いて効果的ではない。

また、面接初期の段階では、志望動機が醸成《じょうせい》されていないため、表面的な答えしか返ってこない。

Good!

仕事をする上で大事にしたいことや譲れないことはどんなことですか？　当社の仕事を前提にしていただく必要はありませんので、自由にお聞かせください

仕事に対する考え方や価値観を確認することを目的として、上掲のような質問をしてみよう。「うちの会社の仕事とは無関係でもかまわない」というのがポイント。きちんと笑顔で相づちを打ち、フランクな雰囲気で応募者の考えを深掘りしていくとよい。

会社の理解度とその人の優秀さは何の関係もないのです

NG 2 志望度を聞く

当社への志望度はどのくらいですか？
当社から内定が出たら、入社していただけますか？

ほとんどの応募者が「御社が第１志望です」と答えるはずなので、この質問をすること自体がナンセンス。出会って間もない相手に「私のこと、どのくらい好きですか？」と聞くようなもの。

Good!

当社以外では、どんな会社に惹かれていますか？
上位３社くらいで結構ですから、
教えてもらえるでしょうか

A社とB社とC社です。A社は〇〇〇で、B社は△△△で、
C社は×××なところに惹かれています

会社を選ぶときに重視しているポイントは何ですか？
その中で当社と重なっていると感じるものがあれば、
それについても教えてください

応募者の**「選社基準」を知ることができ**、自社への志望度を探ることもできる。このとき、仮に志望度が低かったとしても、不合格と判断してはいけない。活躍しそうな人材なら、応募者の選社基準に沿った形で、惹きつけるための説明や方策を考えてみるとよい。

NG 3 面接官ばかりが話してしまう

僕ね、去年まで営業部にいたんだ。同期の中でトップをとるために頑張っていたんだよ。ちょっと前にテレビでCMやってた〇〇っていう商品あるでしょ。あれはさ……(後略)

自社の仕事を説明しようとしたり、場を盛り上げようとしたりして、ついつい自分の話を喋り続ける面接官は多い。**全体の時間が10とすれば、面接官の発言は２以内**にするのがベター。面接官が話をしてもいいのは、応募者の緊張を解くための会話や自己紹介のみと考える。

↓

Good!

本日は、面接にお越しいただきありがとうございました。Aさんの面接を担当するBと申します。いま入社15年目で、総務課の課長を務めています。本日は短い時間ですが、Aさんの話をしっかりとお聞きしますので、よろしくお願いします

よろしくお願いします

緊張しなくても結構ですよ。とはいえ、やっぱり面接ですから緊張しますよね。私も実はすごく緊張するタイプなんです。でも心配いらないですよ、そのうち慣れますから。ではまず△△のことからお話をお聞きしてもよろしいですか

まずは、応募者が面接に来てくれたことに対して、**「ありがとう」の一言**を発しよう。そして自分のほうから簡単な自己紹介を話すとよい。そうすることで、応募者の緊張感や警戒感も解け、**本音で話しやすい雰囲気**が生まる。

応募者の本来の考えや姿を引き出すことで、適正なジャッジができることはもちろん、応募者にも「自分のことをきちんと見てくれた」というプラスの感情を生みます

NG 4 指導するつもりで、追及するような質問をしてしまう

あなたはどうして
弊社に入りたいのですか？

御社の仕事を通じて、人々に新しい価値を提供し、
豊かな社会を作りたいからです

抽象的な答えですね。人々とは具体的に誰のことでしょう？　豊かにしたいと仰ってましたが、いまの社会は豊かではないとお考えですか？

Good!

新しい価値、いいですね！　企業は常に新しい価値を生み出すのが使命ですからね。貴方なら、例えばどんな価値を提供してみたいですか？

若くて社会経験の浅い応募者が、仕事のことを具体的に説明できないのは、無理のないこと。そんな彼・彼女らの言葉尻をとらえて**揚げ足を取ったり、小バカにしたりするのは言語道断**である。応募者の発言を肯定的に受け止めた上で、さらに聞きたいことを深掘りするとよい。

このような態度は、往々にして、少し仕事ができるようになってきた若手の面接官がとることが多いようです。P.186のPoint 4をよく読んでもらうことをおすすめします

NG 5 なぜ？ どうして？ その理由は？

①うーん、そうですか。ちょっとその考え方は違うと思います。
②（目線はずっと机の上で）はい、はい、ええ、はい、そうですか、はい…。
③なぜ？／どうして？／その理由は？
など

↓

Good!

①なるほど、そういう考え方も確かにありますね。一方で私たちは、こういう考え方をしています
②ちょっと今のことをメモしますね／（メモ等が終わったら）失礼しました。その続きをお話しください
③そうなんですね！／でも、なぜそうなんでしょうか？／なるほど！　興味深いですね。もう少し具体的にその理由を聞かせてもらえますか？
など

①応募者の考えと自分の意見が合わないときに議論してしまう。②返答はするものの視線は机の上の応募書類や面接シートで、ずっとメモを取っている。③応募者の発言に対して、なぜ？なぜ？を連発する。このような応答は、**応募者に「圧迫面接」と誤解される可能性がある**。

そこで、①まず応募者の発言を肯定する。そのうえで自分（自社）の考えを説明する。②応募者が話しているとき下を向かない（よそ見をしない）というのが大原則。どうしてもメモをしたり書類を確認したい場合は、一言応募者に断りを入れる。③応募者の話が抽象的でわかりにくかったとしても、質問する前に「そうなんですね」「なるほど」「興味深いですね」の一言を添える。以上を心がけることが大事である。

圧迫面接は、百害あって一利なし。頑固な人、笑顔になれない人、好戦的な人、日頃から高圧的な人というのは、面接官にふさわしくありません。そのような人選をしないことも、採用担当者として大事なことです

NG 6 応募者を困らせる質問

日本と諸外国の教育制度を比較した場合、わが国が取り組むべき課題は何だと思いますか？

このような高度な問いかけはおすすめできない。**入社後の仕事に関係のないような専門的な知識を問うてみても、応募者を困らせるだけ**。ある分野に詳しい面接官が陥りがちなので、気をつけよう。

NG 差別につながる質問

- **ご出身はどちらですか？**
- **ご家族の構成は？**
- **ご家族はどんなお仕事をしていますか？**
- **尊敬する人物は誰ですか？**
- **いつも読んでいる新聞や好きな雑誌は何ですか？　など**

上記は「採用選考の際に聞いてはいけないこと」として、厚生労働省が定めているもの。同省は「採用選考の基本的な考え方」として、**①応募者の基本的人権を尊重すること、②応募者の適性・能力のみを基準として行うこと**、の２点をあげている。さらに同省はこの考え方に基づき、以下の事項を尋ねることは、就職差別につながるおそれがあるとしている。

〈本人に責任のない事項の把握〉
- 本籍・出生地に関すること
- 家族に関すること（職業、続柄、健康、病歴、地位、学歴、収入、資産など）
- 住宅状況に関すること（間取り、部屋数、住宅の種類、近郊の施設など）
- 生活環境・家庭環境などに関すること

〈本来自由であるべき事項（思想信条にかかわること）の把握〉
- 宗教に関すること
- 支持政党に関すること
- 人生観、生活信条に関すること
- 尊敬する人物に関すること
- 思想に関すること
- 労働組合に関する情報（加入状況や活動歴など）、学生運動など社会運動に関すること
- 購読新聞・雑誌・愛読書などに関すること

〈採用選考の方法〉
- 身元調査などの実施
- 合理的・客観的に必要性が認められない採用選考時の健康診断の実施

※厚生労働省のホームページより

差別の意図がなかったとしても、応募者側が差別だと受け止めかねない質問をするのはNGです。注意しましょう

面接の場作り＆マナー

面接官の態度、表情、面接会場の場作りが、
応募者に与える影響はとても大きいものです。
次の4つのポイントを心がけて、面接に臨みましょう。

Point 1 清潔感を大切にしよう

応募者は、会社をあらゆる視点から評価しています。受付の電話が汚れていたり、壁に掛けてある額が曲がっていたり、通路にゴミが落ちていたりすると、ネガティブな印象を与えることになります。日頃から、整理・整頓・清潔を心がけましょう。

Point 2 社員全員に「おもてなし」の心をもってもらおう

「本日は第１会議室で面接が行われ、５人の応募者が来訪します。わが社の戦力になるかもしれない貴重な人材です。みなさん、エレベーターホールやエントランスですれ違ったら、明るい挨拶で迎え入れましょう」。面接が行われる日には、社員にこんな呼びかけをしておくとよいでしょう。

Point 3 応募者がリラックスして話せる場を作ろう

面接室は窓もなく狭い部屋をできるだけ避け、広くて明るい部屋を選びましょう。観葉植物を置いたり、絵を飾ったりするのもよいでしょう。応募者は安っぽい折り畳みのパイプイスなのに、面接官側は黒い革張りのイスと足もとの隠れる長机などもってのほかです。応募者にこそ、ゆったりとしたイスと足もとの隠れる机を用意しましょう。

Point 4 応募者を下に見ない、否定しない、そしてキャリアを応援する

会社と応募者は選び、選ばれる関係です。どちらが上でも下でもありません。面接官は、応募者のキャリアを応援する気持ちで臨《のぞ》みましょう。

Chapter

4

フォロー編

内定辞退を防ぐ

Chapter 4では、内定辞退を防ぐために必要なことを2つの観点から示します。本Chapterの内容を参考に、内定承諾を得るための働きかけをしてみましょう。

❶ フォローの「過程」を考える

❷ フォローの「方法」を考える

内定者フォローの流れ

選抜が終わると、企業は合格者に内定を出します。しかし、内定者は採用通知を受けたからといって、絶対にその会社に入社しなければならないわけではありません。そこで、企業は内定者に対してフォローを行います。では、一般的な内定者へのフォローを見てみましょう。

企業が目指すこと

内定を出した人に入社を決定してもらう

内定を出す

入社を促す働きかけをする

内定者が目指すこと

内定をもらっている企業の中から1社を選ぶ

内定を受ける

企業の働きかけに応じる

※本書では「内定」という言葉を「内々定」を含むものとして用います。

応募者は企業に対して「御社が第１志望です」と言いますが、多くの企業は「本当に来てくれるだろうか」と不安を覚えて、内定者フォローに力を入れます。しかし、内定を出してからフォローをしたのでは、「ときすでに遅し」のケースも少なくありません

例
●内定者向けの懇親会を開く
●電話やメールをして、コンタクトをとり続ける
●人事、役員や社員による面談を行う
就活早く終われ～
内定承諾
まぁいいかココで。この会社いろいろやってくれたし
内定承諾書を受け取る
承諾してもらえた！
入社
この会社はやめておこう
辞退

これって常識？

内定後にしっかりフォローをするべき？

すべての選考に合格した人は「内定者」となります。しかし、内定者が内定を辞退して、他社に入社することもあります。

だからこそ、企業は懇親会の開催をはじめ、電話やメールでの意思確認、面談での意思決定の後押しなど、さまざま方法で内定者へのフォローに取り組むのです。

はたして、このようなフォローは入社を決める上で有効に作用するのでしょうか。

「早く決めてほしい」と考えている企業

選抜の結果、応募者に内定を出しても、応募者は即座に意思決定をするわけではありません。内定を承諾するか辞退するか、応募者はさまざまな条件を他社と比較して入社先を選びとろうとします。応募者の中には、他社の選考が終わるまで判断を保留する人もいます。

一方、企業は「早く内定を承諾してもらいたい」と考えています。内定者へのフォローは、採用活動の中でも力が注がれていることの1つです。私の調査によると、企業は内定者フォローに対して、他の施策より相対的に多くの予算を確保していました。なぜ企業は内定承諾を急ぐのでしょう。それには、2つの理由があります。

❶採用活動を停滞させたくない

内定を承諾するか辞退するか検討中の人が増えてくると、採用担当者の悩みは深まります。企業の採用人数は採用活動が始まる時点で決まっているからです。内定辞退が出るとその分、選考中の人に対して新たに内定を出したり、新規で募集をし直したりする必要があります。

ところが、内定の判断を保留する人がいると、その人たちが態度を決めるまで、採用を進めにくくなります。どんどん内定を出すと、採用計画人数を超えて承諾者が出るリスクがあるからです。保留者が増えると、企業は採用を一時停止しなければなりません。

このような事態を避けるために、企業は内定を出した人に早く意思決定をしてもらいたいと考えるのです。

❷ 次年度の採用活動に早く取りかかりたい

特に新卒採用に当てはまることですが、採用担当者は次年度の採用に早めに取りかかりたいと考えています。新卒採用では時期的に、その年度の採用の後半と次年度の採用の前半の活動が重なります。**つまり、その年度の採用を早く終えれば、その分、次年度の採用活動に集中できるのです。**それゆえ、企業は内定者が早く承諾を確定し、採用活動を終了することを望んでいるのです。

「じっくり決めたい」と考えている求職者

一方、求職者にとって就職活動は、自分のキャリアを方向づける重要な機会です。「どの会社に入るか」で人生のすべてが決まるわけではありませんが、働く環境やそこで得る経験は職業上の能力を形成し、本人の経歴にもなっていきます。自分に合わない会社を選んでしまった場合は、適応できずに離職する結果にもなりかねないため、安易に結論を出すことはできません。

特に新卒の就職活動では、求職者は複数の企業を同時に受け、複数の企業から内定をもらいます。その中で**自分が働く会社を決めることは、求職者にとって正当な権利です。自分のキャリアに関わる重大な意思決定をするために、じっくりと考えたい。**それが内定をもらった求職者の思いです。

早く決めてほしい企業と、じっくり考えたい求職者。両者の心理の違いから、企業による内定者フォローの施策は、ときとして求職者にはネガティブに映ります。

例えば、内定が出てから入社するまで毎月のように懇親会を開くとします。企業は内定を辞退してほしくないと最後の説得にかかるわけです。しかし、これが求職者にとって時間的な負担となります。**懇親会の中で意思決定に関わる有益な情報が得られなければ、求職者は企業に意思決定を急《せ》かされているように感じるかもしれません。**

内定者フォローは、企業が頑張れば頑張るほど空回りします。焦りに駆られた企業からのフォローは、求職者によってはオワハラ(※1)と受け取られることもあります。せっかく熱心に時間もお金もかけて行ったフォローが、逆に内定辞退を促す原因に

※1 **オワハラ**：「就活終われハラスメント」の略。企業が求職者に対し、就職活動を終わらせるように強要することを指す。

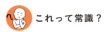

就職・採用活動におけるハラスメント的な行為

就職・採用活動において、学生の意思に反して、他の企業などへの就職活動の終了を強要するようなハラスメント的な行為について、「相談を受けたことがある」と回答した大学等（393校）に対し、どのような相談を受けたかを尋ねた。

どのようなハラスメント的な行為について相談を受けましたか（複数回答）

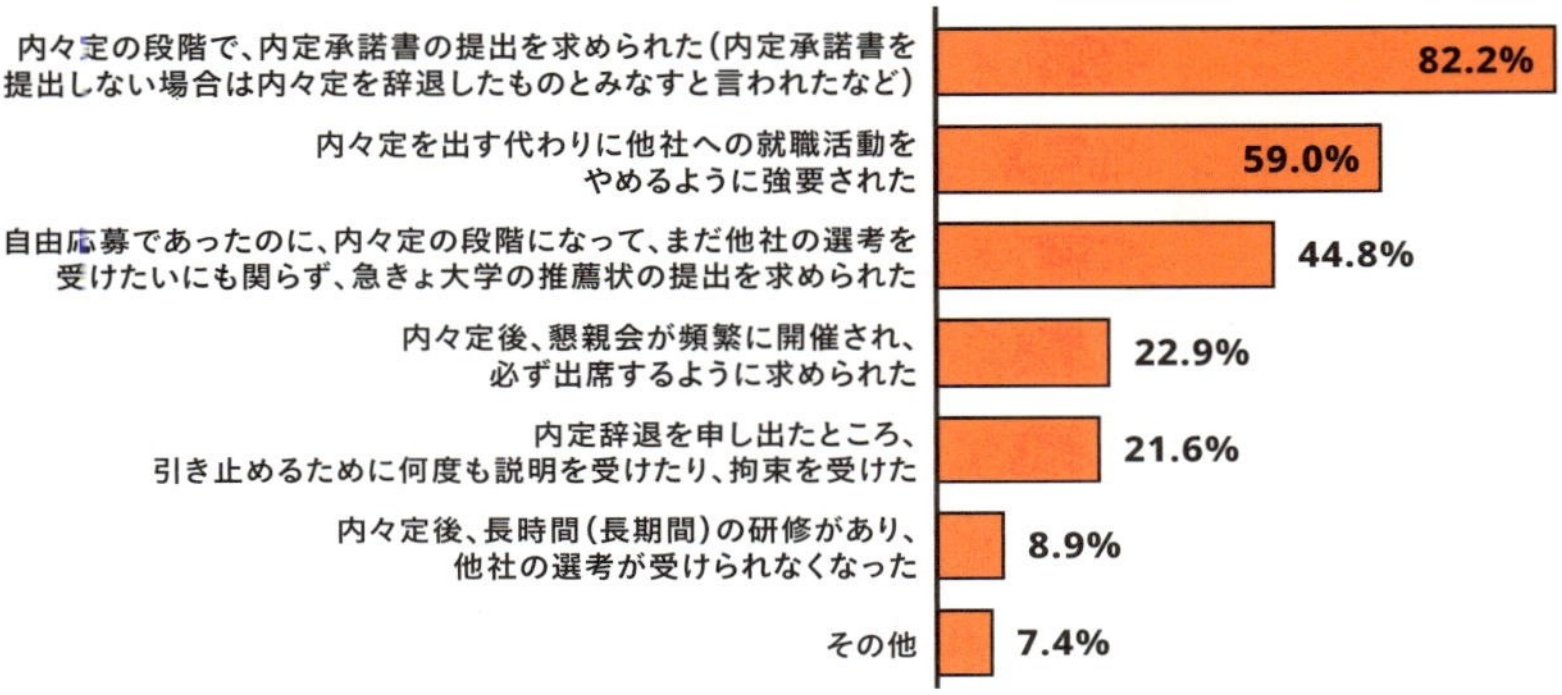

※文部科学省「平成30年度 就職・採用活動に関する調査（大学等）」

なっていないか考えてみてください。

動機形成が不十分だから内定後にフォローが必要になる

内定をもらった人が「この会社に行くべきか」と悩むのは、募集・選抜フェーズにおいて自社への動機形成ができていない証拠です。募集フェーズでは集めることに、選抜フェーズでは選ぶことに注力するあまり、求職者の動機形成が行えていないのです。

そのため、内定をもらった人は迷います。企業もその迷いがわかるから、内定者に対して逃がすまいと、必死にフォローするのです。内定後に内定者の入社意思を固めるためのフォローを行うのは、悪いことではありません。しかし、熱心なフォローがマイナスに作用する可能性もあります。
それでは、内定者フォローは、どのように行うべきか、次項から見ていきましょう。

まとめ

- 企業は内定者に早く入社を決めてもらうべく、フォローを行う。
- 内定者にとって入社の意思決定は、自分のキャリアを方向づける重要な事項であるため、じっくり検討したいと考えている。
- 企業が内定者フォローを必死に行うほど、求職者への時間的・心理的な負荷が増し、企業にとってネガティブな結果を招く。
- 内定者が内定承諾に躊躇《ちゅうちょ》するのは、募集・選考フェーズにおける動機形成が不十分だからである。

これが常識！

フォローは募集時から行う

入社の確定を急ぐ企業と、重大な意思決定を慎重に行いたい求職者、それぞれの心理は食い違っています。

ゆえに、内定を出した後にフォローを熱心に行っても、内定承諾につながりにくいのです。

両者のズレを補い、双方に有益な結果をもたらすフォローとは一体どういうものなのでしょうか。

フォローは募集フェーズから行うべきもの

入社意欲が高まっていない人に、内定を出したとします。内定者はあなたの会社を「内定をくれたのですべり止めとしてキープしておこう」と考えるかもしれません。その程度の気持ちでは、あなたの会社の優先順位は低く、フォローフェーズでどんなに働きかけても、心に響きません。

内定者フォローは「内定を出してから開始していたのでは遅い」のです。内定者が選考の過程にあるうちに、志望度を高めていく必要があります。 そのためには募集・選抜フェーズからフォローに着手するべきなのです。

募集・選抜フェーズで、「関心度」「志望度」「適応予想度」を高める

入社意欲を高めるためには、募集・選抜フェーズにおいて「関心度」「志望度」「適応予想度」の3つを醸成《じょうせい》する必要があります。

❶「関心度」……会社のことを知りたいと思う程度

関心度は3つの中で最も基本的で、はじめに高めておくべきものです。企業を知りたい気持ちが芽生えていないと、その企業について調べませんし、企業から提供された情報も頭に入ってきません。**関心度を高めるには、求職者と企業との心理的な距離を縮めることが大事です。求職者に、企業を身近に感じてもらうように働きかけるのです。**例えば、「求職者の普段の生活において、自社のサービスがどのように関連しているか」「社会に対して、自社の事業はどのような貢献をはたしているか」などを伝えるとよいでしょう。

❷「志望度」……会社に入社したいと思う程度

志望度が高いほど、入社の意思決定をする確率は上がります。**企業は、求職者の能力を「見極める」ことに注意を向けがちですが、それにとどまらず、志望度を高める場を設定しましょう。**

求職者は企業を選ぶ上で、「こういう点を大事にして働きたい」という軸（価値観）をもっています。面接の中で、求職者の価値観をあぶり出し、それに合致する自社の特徴を説明することで志望度を高められます（→P.148）。

❸「適応予想度」……入社後、自分がどのように働くのかを想像できる程度

「この会社で自分は上手くやっていけそう」と求職者に感じてもらえば、自社を選んでもらえる可能性が高まります。**求職者の能力や性格を観察して、自社でどのように適応・活躍できるかを推測し、それを求職者に説明するとよいでしょう**（↓P.174）。

内定者フォローでは内定者と一緒に志望動機を再確認する

募集・選抜フェーズにおいて関心度、志望度、適応予想度を高める働きかけをしてから内定を出すと、内定者フォローは「それまでのプロセスを振り返りつつ総決算する段階」となります。企業と内定者がともに作り出した志望動機を再確認するのです。正しく総決算の段階まで来ているなら、企業は辞退されないようにと焦って、強引なフォローをする必要はありません。内定者も落ち着いて入社を決意できます。**いちから説得しにいくのではなく、これまでの働きかけを整理するのが、内定者フォローの期間で行うべきことなのです。**

フォローは募集時から始めるべき

入社意欲が低い状態での内定者へのフォローは「無理な働きかけ」と認識され、マイナスの印象を残す。

応募者へのフォローは、募集・選抜フェーズから行う。
募集・選抜フェーズを通じて、応募者の「関心度」「志望度」「適応予想度」を高める。

内定者フォローでは、内定者が志望動機を再認識できるような働きかけをする。

プロが教える!

採用力アップのためのヒント

内定者フォローは、「未来の人材」に対しての投資

少しだけ自慢させてください。内定者フォローのためのシステムを、人材ビジネス業界で最初に商品化したのは私の会社でした。「パフ内定者フォローシステム」（略称PNC）という2001年春にリリースした商品なのですが、当時は就職超氷河期と呼ばれる時代であったにもかかわらず、多くの大企業から引き合いがありました。つまり、内定者フォローは、企業が採用に苦戦していなかった時代でも関心のあるテーマだったのです。

日本の新卒採用は、内定を出してから正式に入社するまで約１年という時間があることから、「内定者を逃がさない」という近視眼的な目的よりも、この期間を活用して、「社会人としての自覚を促す」「内定者同士の交流で同期意識を形成する」「先輩社員たちとの交流を通じて組織に溶け込めるようにする」「ビジネス知識や業界知識を学ぶ」などの目的をもって取り組む企業のほうが多いのです。これは、新入社員の早期戦力化や定着という観点からも意味のあることです。何より「見守ってもらっている」「成長させてもらっている」「会社全体から歓迎されている」という実感を内定者が抱くことになるので、企業と内定者の双方にとってWin-Winの関係をもたらすものになります。

中小企業では、「そこまで手が回らない」「まだ入社していない者への予算は割けない」という理由から、内定者フォローに消極的な会社もあります。しかし、入社前の段階から未来の人材への投資を積極的に行う会社が、結果的に採用力を高めて企業力をアップさせていくのです。「釣った魚には餌《えさ》をやらない」主義はすぐに改めましょう。

これって常識？

熱意ある説得が志望度を高める？

複数の企業から内定を受け取った人は、「どの企業に入社するか」を決めなければなりません。

「ぜひうちに来てほしい！」と熱意をもって粘り強く説得にあたる採用担当者もいますが、このような企業側の行動は本当に効果的なのでしょうか。

説得する方法や内容が作り込まれていない

企業が内定者に説得を行うのは、内定者が複数の会社から内定を得ているためです。内定者はどの会社へ入社するか、内定をもらった複数の会社の中から判断します。内定者の状況を考慮すると、企業は「ここで働きかけないと他社を選んでしまうのでは」と不安になります。あるいは「いま働きかければ、こちらに気持ちが傾くのでは」と考えます。そこで、企業は「自社で働くことの魅力」を強調し、さらには求職者のもつ懸念を解消しようと説明を行います。他社に気持ちが流れないように、説得を試みるのです。

ところが、内定者を説得する機会を作ることにばかり気が向き、「なぜ」「何を」「どのように」内定者に働きかけるかが、十分に練り上げられていない企業もあります。

ある採用担当者は、内定者と連絡をとってニーズを掘り下げ、それに合った社員を紹介していました。例えば、「ワークライフバランスを大事に働き続けたい」という内定者がいれば、子どもを生んでからも働き続けているワーキングマザーの社員を紹介するという具合にです。

しかし、紹介を受けた社員は、「どんな内定者なのか」「どんな情報を提供すればよいか」「何か注意点はないのか」を採用担当者から伝えられておらず、内定者とどう接すればいいのかわかりませんでした。

採用担当者が「応募者に何を伝えてほしいか」を共有していないとなると、現場社員は内定者に「この会社に入ってよかったこと」「自社のいいところ」などを言うしかなくなります。その話を聞いた内定者は、これまで何度も聞いてきた自社アピールをまた聞かされたと感じ、入社意欲を低下させてしまいます。

他にも、「内定者向けのイベントで何かよいコンテンツはないか」という相談を受けることがあります。

イベントともなると、なおざりに設計することはないはずですが、それでも、説明会やグループディスカッションといった募集・選抜フェーズのコンテンツと比較すると、内定者向けのコンテンツには心もとないものが見られます。

忘れてはならないのは、こうしたイベントや面談に来るために、内定者が時間を割いている点です。新卒の場合、学生には当然ながら学業がありますし、他にもいろいろとやりたいことがある中で、時間を作って足を運んでいます。それにもかかわらず、**それまでのイベントより品質が低いと、内定者は「何のためにこの場に呼ばれたのか」と疑問に思います。そうしたネガティブな感情は志望度を下げる要因になります。**

求職者の志望度の推移

ある会社を受けた約220人の学生に対するアンケートの結果をもとに、採用プロセスにおける「志望度」の推移を算出。さらに、志望度が大きく上がったときの求職者の声をまとめた。

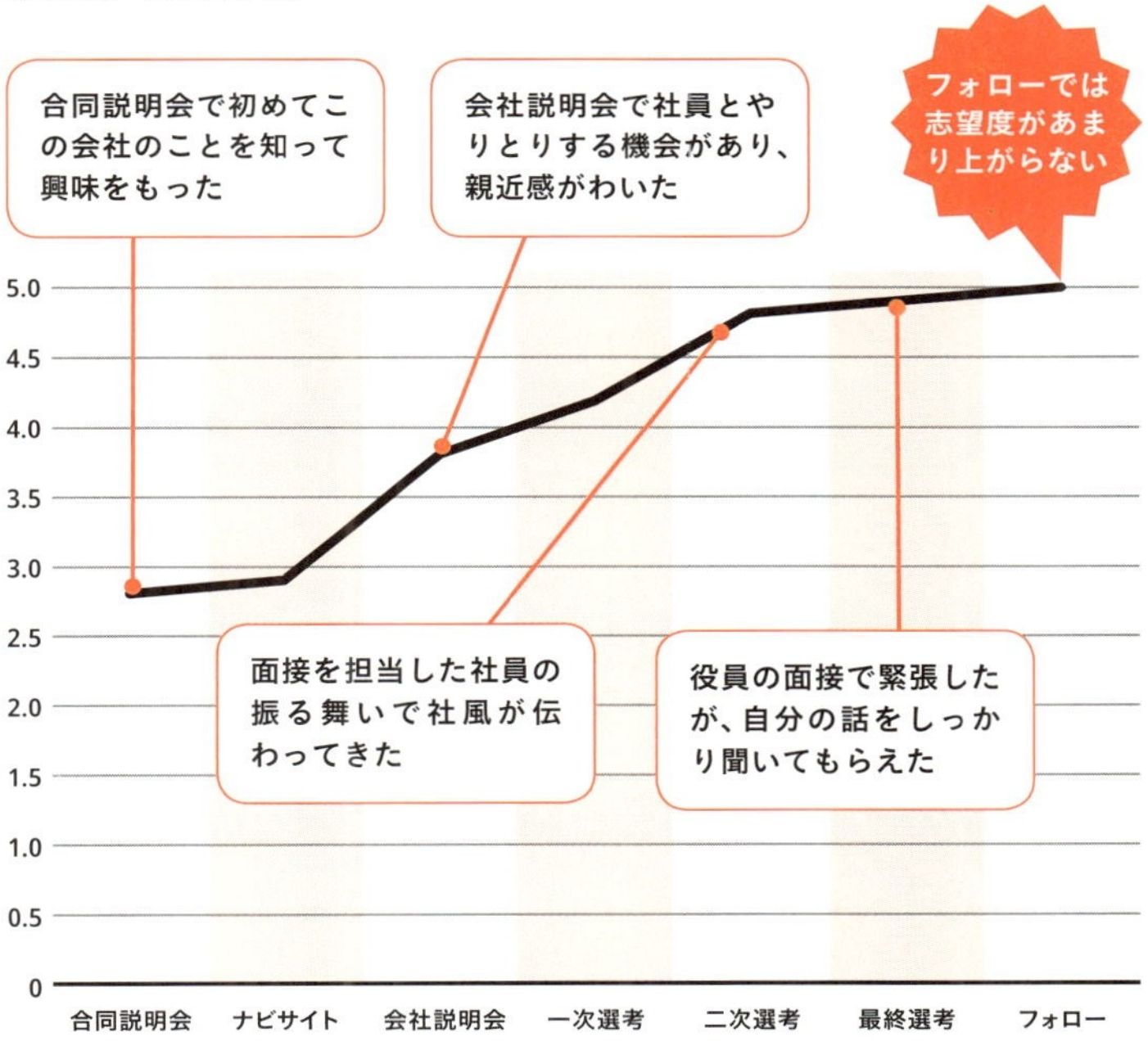

※2018年に株式会社パフと株式会社ビジネスリサーチラボが実施した採用力調査

会社説明会～最終選考では「志望度」が上がっていますが、最終選考以降は大きな増加は見られません。応募者の動機形成は募集・選抜フェーズで実行すべきで、フォローフェーズで無理する必要がないことがわかります。フォローでは、応募者が納得して意思決定を下せるように支援しましょう

イベントを開催することで、内定者の志望度を維持・向上させることが本当にできるのか、真剣に考えてみるべきです。

内定者への説得はあまり効果がない？

私たちが求職者を対象に行ってきた調査は、内定者に対する説得の費用対効果が高くない可能性を示唆しています（↓P.205図）。

私たちは求職者の志望度の推移を多くの企業で測定してきましたが、多くのケースで、志望度は採用プロセスを通じて少しずつ上がる傾向にありました。内定後に志望度が一気に上がるケースはあまりないのです。

つまり、**内定後の説得は、求職者の志望度を上げる要因にはならないということです。**説得は無益ではないものの、効果は限定的といえます。

内定者へのインタビュー調査では、「自社のアピールをされると、逆にその会社に対する気持ちが冷めてしまう」という意見もあがっています。

内定を承諾するにあたり、内定者は「自分のキャリアにとって、この決断は妥当なものである」と確信したいのです。そのような状況で、いくら企業が内定者に自社の魅力を伝えても、それが内定者のキャリアとひもづいていなければ、内定者にとっては、決断を後押ししてくれる情報になりません。むしろ自社のことしか考えていない、自分勝手な行為だと受け取られてしまいます。

では、内定者を入社に結びつけるために、企業側ができることを考えてみましょう。

まとめ

- 内定者は複数の内定先から、入社する企業を選ぼうとする。そのため、企業は不安になり、内定者への説得を試みようとする。
- 内定者を説得する機会を設けることに気を取られ、説得の方法や内容がなおざりになる。
- 内定後の内定者イベントの質が低いことや、自社で働く魅力をしつこくアピールすることは、内定者の志望度を下げる原因となる。
- 求職者の志望度は、採用プロセスを通じて少しずつ上がる傾向にある。
- 内定後の説得には、求職者の志望度を上げる効果はあまりないと考えるべきである。

これが常識！

内定者の意思決定を支援しよう

求職者の志望度は、就職活動を通して徐々に高まっていくものです。

自社の魅力をアピールするだけの説得は、内定者から敬遠されます。ゴリ押しのような企業の態度は、決してプラスには働きません。

では、企業は内定者に対して、どのように対応すればよいのでしょうか。

内定者が納得して「入社」を決めることが大事

入社する企業を決めるのは内定者本人です。企業ではありません。いかに内定者自身が納得して企業を選びとるか、それが重要なのです。

そう考えると、**内定後に必要なのは、企業からの入社圧力や無理やりな説得ではなく、内定者の意思決定を支援する行動だということがわかります。**

「内定者の意思決定を支援するなんて悠長《ゆうちょう》なことをいっていたら、他の会社を選んでしまうのでは」と不安になるかもしれません。これに対しては、2つの回答があります。

まず、真剣に考えたすえに「来ない」という選択をするのであれば、仕方ありません。むしろ真剣に考えずに入社してしまうと、入社後に適応できずに離職するリスクがあるのですから、ある意味よかったというべきでしょう。

次に、内定者の意思決定に対して十分な情報を提供できている企業は少ないのです。そのため、意識的に情報を提供した会社は、情報の量と質の両面で有利になります。内定者の判断基準に合う条件をもっていて、なおかつ丁寧に情報を提供したとすれば、内定者はあなたの会社を好意的に受け止めるでしょう。

ある企業において、実際にこうした支援を内定者に行った結果、内定承諾率が約40％から約45％に微増しました。しかし、それより大きな収穫だったのは、入社後の離職率が約20％から約5％に下がったことです。**「曖昧《あいまい》な意思決定で自社に来て、結局辞めてしまう層」が来なくなったのです。**

意思決定に必要な情報を提供できているか振り返る

「企業選び」という意思決定に際して、最も難しいのは「選ぶ基準」を決めることです。新卒でも中途でも、内定者は「何を軸に決めればいいのか」がわからず悩みます。**企業にできることは内定者に寄り添い、意思決定の基準を共同で検討することです。**「自分が働く企業を選ぶにあたって何が重要か」という問いについて、内定者と一緒に考えるのです。

ある人にとっては、専門スキルを高められることが基準かもしれません。別の人にとっては、長期間ワークライフバランスを保って働ける環境が大切かもしれません。答えが出てこない内定者もいるでしょう。そのような場合は、企業が内定者と向き合い、一緒に答えを模索していきましょう。

例えば、「就職活動の相談に乗る」という趣旨で、採用担当者が内定者のもとに出向き、ざっくばらんに話をすることが考えられます。さらには、複数の内定者を会社に集め、自分のキャリアを考えるワークショップを開催するのもよいでしょう。

意思決定の基準が見えてきたら、自社の採用プロセスを内定者と振り返りましょう。内定者がこれまで自社についてどんな情報を得てきたか、話をしながら書き出してみるとよいでしょう。内定までに得た情報を、内定者の意思決定の基準と照らし合わせて、情報の「量」と「質」は十分だといえるかを吟味します。

例えば、内定者が「ＩＴスキルをはじめとした専門的な能力の形成」を第１の基準としていたとします。入社後にどんな育成体制があるか、それは専門的な能力を磨ける体制か、どんな能力を磨けるのか、専門的な能力を形成した先輩はいるのか、どんな先輩かなどを振り返るのです。

このように意思決定に不足する情報があれば、企業が内定者に提供しましょう。そうすることで内定者は、意志決定するための判断材料をもった状態になります。その上で最終判断をすれば、内定者にとって納得のいく決定となるのです。

内定者が「納得」して入社できるように支援する

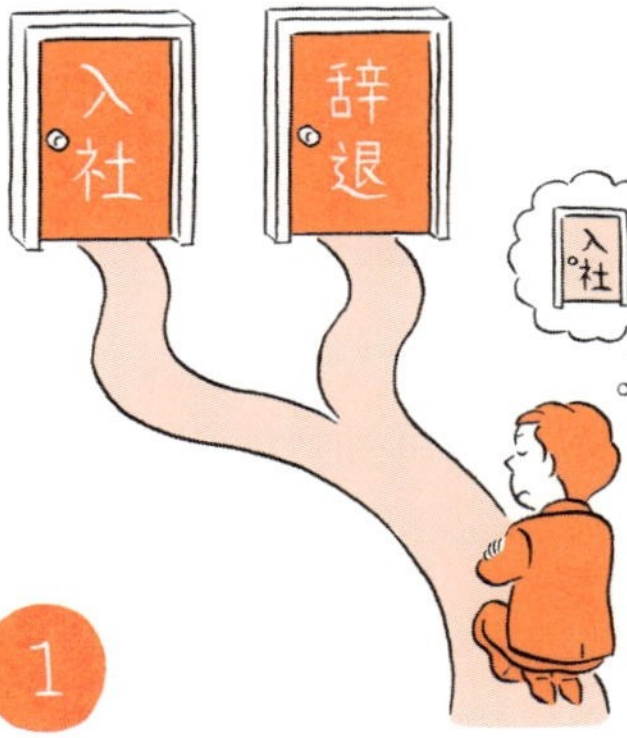

1

入社先の決定には
「内定者が納得していること」が
重要。

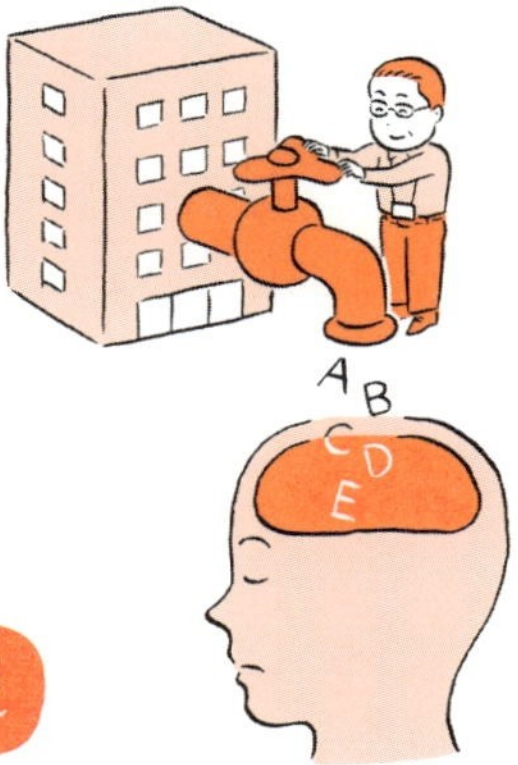

2

内定者と一緒に、
意思決定の「基準」を検討し、
「必要な情報」を提供する。

3

意思決定の
支援を丁寧に
行うことで、「不適応」
や「離職」の防止に
つながる。

プロが教える！

採用力アップのためのヒント

意思決定支援では第3者に協力を仰ぐのが有効

「内定者の意思決定の軸を企業が一緒になって考える」。なるほど！ と感じてくださった方々も多いことと思います。しかし実際にやってみると、これがなかなか難しい。企業側には「最終的には自社を選んでほしい」という偽《いつわ》らざる気持ちがありますし、内定者側も「どうせ最後は自分を引っ張り込もうとするんだろう」と、疑心暗鬼になることもあるでしょう。

そこでおすすめするのは、第３者の協力を仰ぐことです。意思決定のための軸作りや最終的な意思決定を、採用担当者であるあなたに代わって支援してもらう。一見、無責任なようにも見えますが、これが内定者にとって、実はありがたいことなのです。

第３者は、社会人としてのキャリアを一定期間（できれば５年以上)、積んできた人がいいでしょう。カウンセリングスキルがあれば申し分ありません。そして、その第３者には「うちの会社を推す必要はまったくない」「他社への志望がゆるぎなく、他社に行くほうが明らかにハッピーだと判断した場合には、辞退をすすめてもらってもかまわない」ということを伝えましょう。もちろん、内定者が誤った情報や偏《かたよ》った見方で進路を決めようとしていたなら、それを正してあげるのも第３者の役目です。第３者には、内定者に徹底的に寄り添うように依頼しましょう。

それが結果として、双方にとって最良の結果を生むことにつながります。手前味噌ですが、私たちもその役割を10年以上の長きにわたって担ってきました。第３者の支援者の人選に困った際にはご相談ください。

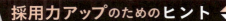

求職者へのフォロー イメージ

このグラフは、自社に対する求職者の「関心度」「志望度」「適応予想度」がアップしていく過程の理想的なイメージを示しています。どの段階で何の要素を高めればよいのか、このグラフを参考に求職者へのフォローを行ってください。3つの要素を効果的に上げ、自社に合った人材の獲得を目指しましょう。

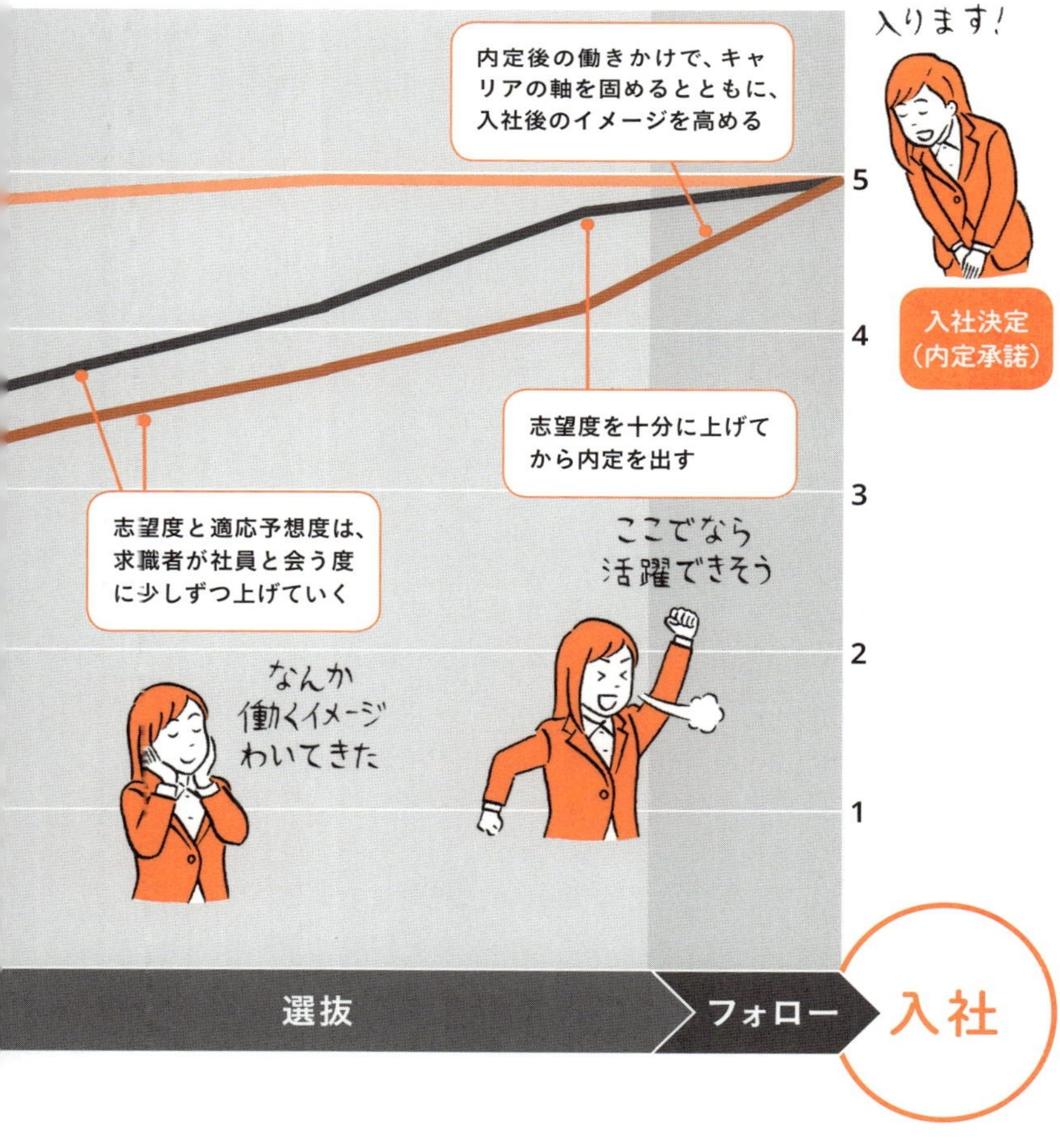

採用の初期に「関心度」を高めて、企業理解へのモチベーションを高めます。「志望度」と「適応予想度」は、着実に上げていけるような設計にしましょう。フォローに入る段階で、志望度をある程度高い状態にしておく必要があります

- **関心度**:あなたの会社のことを知りたいと思う程度
- **志望度**:あなたの会社に入社したいと思う程度
- **適応予想度**:入社後、自分がどのように働くのかを想像できる程度

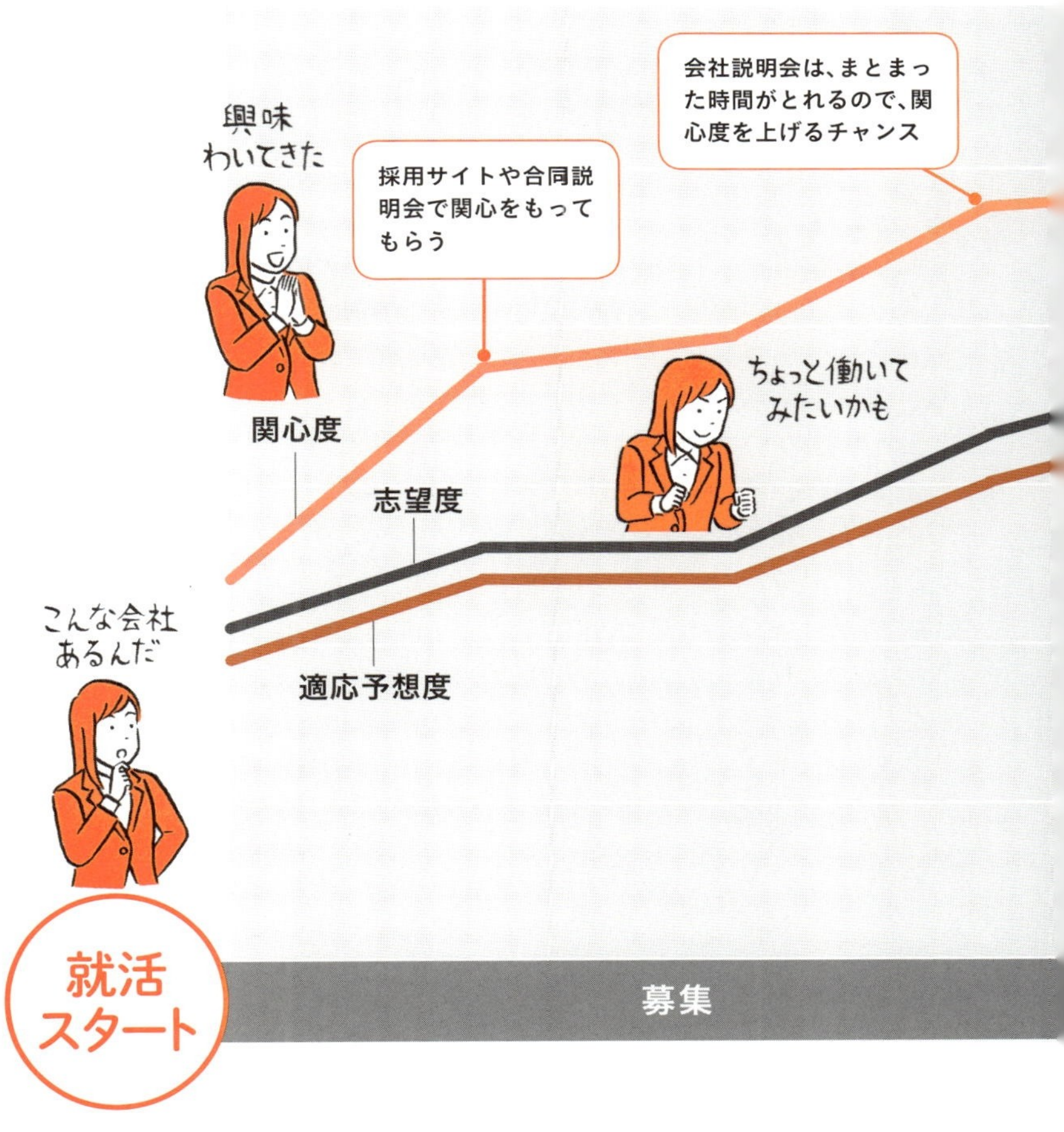

人は大事にしてくれる人のために生きる

採用見聞録 03

人生にはいろいろな岐路がありますが、普通はそのうちの1つしか選べないものです。1つを選ぶということは、他のすべての選択肢を捨てるということです。あり得たかもしれない人生を捨てるのは、勇気のいる決断です。そう考えると、新卒の学生が、社会に出て最初に入る会社を決めることはなんと大変なのだろうと思います。

採用に関わる仕事を長くやっていると、この重さを忘れてしまうことがあります。内定を学生に伝えるのにメールで簡単に伝えたり、一方的に期限を決めて内定を受諾するか・しないかを決めろと言ったり、誓約書にサインしろと指示したり……。人の一生を左右する伝達を行うにしては、あまりにも軽い対応です。このような内定の出し方をしていれば、「この会社は人を大切にしない会社だなあ」と思われてしまっても仕方ありません。

人は誰しも、他の誰かを輝かせることに幸せを感じるものではないでしょうか。完全に利己的な人もいるかもしれませんが、それは少数派で、多くの人は誰かの役に立ちたいと考えています。

入社する会社を選ぶということは、誰のために生きるかを選ぶことと同じです。その「誰」とは、会社のお客様や一緒に仕事をする仲間です。

「士《し》は己《おのれ》を知る者のために死す」というように、自分を認め、期待をし、大切に思ってくれる人、そういう人のために生きたいと思うのは当然です。

内定辞退に悩んでいる採用担当者は大勢います。辞退をした学生に怒りを抱く人もいます。しかし、その前に今一度、学生1人ひとりを本当に大事にしているのか、大事にしているという気持ちが伝わっているのかを考えてみてください。人は合理的に利得だけ考えて生きるわけではありません。皆さんの相手を大事にする気持ちが伝われば、きっと内定受諾率は自然に上がっていくことでしょう。

曽和 利光（そわ としみつ）

株式会社人材研究所代表取締役社長、組織人事コンサルタント。京都大学教育学部教育心理学科卒業。リクルート人事部ゼネラルマネジャー、ライフネット生命総務部長、オープンハウス組織開発本部長と、人事・採用部門の責任者を務め、主に採用・教育・組織開発の分野で実務やコンサルティングを経験。著書に『「ネットワーク採用」とは何か』（労務行政）、『人事と採用のセオリー』（ソシム）など。

Chapter

5

現状編

自社の課題を見つける

Chapter 5では、あなたの会社の採用にどんな課題があるかを探る手立てを紹介します。そして、その課題を解決するための方法を紹介します。

❶ 施策の効果を数値化する

❷ 自社を取り巻く環境を整理する

自社の採用を見直す❶

自社の採用プロセスを評価する

自社の採用の精度を上げるためには、応募者の視点で施策を評価する必要があります。

そこで、採用のプロセスで応募者の関心度・志望度・適応予想度がどのように高まっているのかをグラフにしてみましょう。

自社の採用にどんな課題があるか、課題解決のために注意すべきことは何かを見つけることができるはずです。

採用プロセスを応募者の目線で評価する

自社の採用プロセスの課題を検討するために、**まず自社の採用プロセスに関するグラフを描いていただきたいと思います。**あなたの会社を受けに来た応募者の「関心度」「志望度」「適応予想度」（→P.198）が、採用サイト、会社説明会、面接、内定者フォローの時点でどの程度だったかを表すグラフです。

具体的には、応募者にアンケートに答えてもらうことをおすすめします。P.224にあるような質問を自社用にカスタマイズし、応募者には、「まったく当てはまらない／当てはまらない／どちらでもない／当てはまる／非常によく当てはまる」といった選択肢で回答してもらいましょう。

それぞれの選択肢を1～5点に置き換え、各選考の終了時点における「関心度」「志望度」「適応予想度」を計算、平均点をP.225のような表にグラフ化します。アンケートのコツは、「関心度」「志望度」「適応予想度」それぞれを2つ以上の項目で尋《たず》ねることです。そのほうが測定の精度が上がります。

ただし、「このアンケートも選考の一環ではないか」と警戒する応募者もいます。そこで、採用支援企業に調査を依頼するのも一策です。第3者になら、応募者も安心して回答できます。

あるいは求職者ではなく、自社の新入社員に就職活動のプロセスを思い出してもらい、先ほどの質問に答えてもらうのもよいでしょう。この方法には「入社しなかった人」の結果を知ることができないという限界がありますが、採用担当者が主観的に評価するよりは精度の高い結果が得られるでしょう。

採用担当者自身が評価する方法しか残っていない場合は、評価が甘くならないように、評価項目に対して自分が主観的に感じるより、0・5程度低い数値をつけるなど、厳しい採点を心がけましょう。

関心度・志望度・適応予想度を上げるタイミング

どの時点で何の数値を重視すべきかを説明しましょう。

まず、採用サイトの時点では「関心度」が大事です。関心度を上げられていれば、求職者は「会社説明会に行ってみよう」という気持ちになります。採用の成果を出す会社は、会社説明会の段階でほとんど満点に近いぐらいの数値まで、関心度を引き上げています。会社説明会という対面の場を通じて会社のファンになってもらうことができれば、以降、求職者は自らあなたの会社のことを理解しようと動き出します。会

関心度・志望度・適応予想度を上げるタイミング

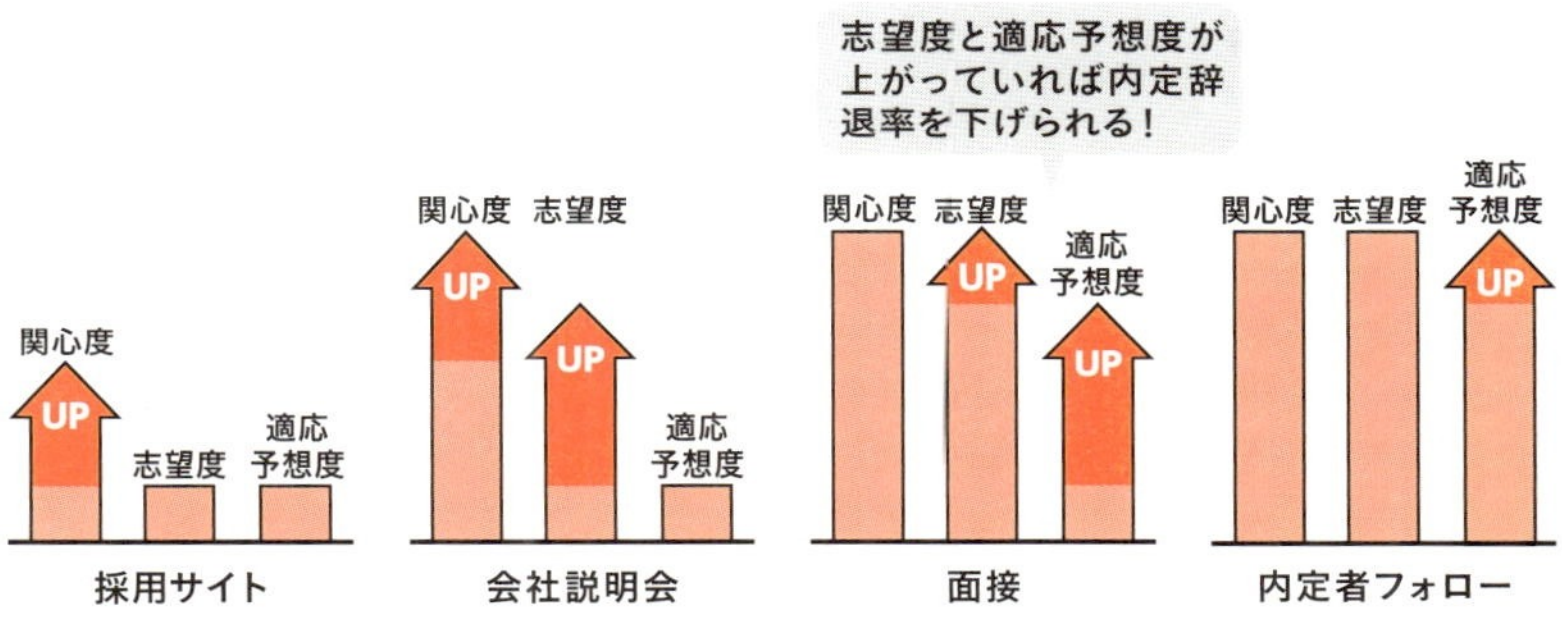

社説明会では、関心度の引き上げに伴い、「志望度」についても上昇させるのがベターです。

そして、面接において、「志望度」と「適応予想度」を着実に上げれば、内定承諾率が高まります。

採用が上手くいく企業は複数の面接を通して、志望度をステップ・バイ・ステップで上げています。面接の時間を動機形成に使うことができれば、内定承諾を得ることができるでしょう。

さらに、面接や内定者フォローの段階で、入社後の職業生活について求職者に説明をすれば、適応予想度が上がります。できる限り具体的な情報を、求職者のニーズに合わせて示しましょう（→P.150）。入社後の自分の姿が想像できている企業とそうでない企業とがあれば、求職者は前者を選びます。内定者フォローの時点で、志望度と適応予想度が高い水準に達していれば、求職者はあなたの会社に入社してくれるでしょう。

欲をいえば、内定者フォローの時点で志望度も適応予想度も満点状態にしておきたいところです。内定後にこれらの数値を大きく上昇させなければならないとなると、無理な働きかけをやりかねず、求職者にネガティブな印象を与えてしまうからです。

課題は採用プロセスの「前」の段階から改善する

最後に採用プロセスの改善を試みた企業を紹介しましょう。

その会社は、「合同説明会→採用サイト→個別説明会→グループ面接→個人面接→最終面接→内定→フォロー」という流れで採用を行っていました。そして、選考終了後、応募者全員にアンケートを送り、各選考時の関心度、志望度、適応予想度を可視化したのです。

その結果、合同説明会の時点で、すでに関心度と志望度が満点に近い値になっており、その後の採用プロセスではあまり変化がないことがわかりました。また、適応予想度は、採用プロセスを通じて、上昇が見られませんでした。

つまり、この企業の応募者のほとんどは、会社のことをもとから知っていて、好意的な印象をもっていた、すなわち、ファンが選考を受けていたけれど、その人たちの働くイメージは醸成《じょうせい》できていなかったということです。

この企業は「ファン以外にも自社に合う人材はいる」と考え、キャリアセンターへの訪問を積極化し、応募者の多様化を狙いました。

加えて、面接官に対し、「自社に関する情報提供をどんどん行ってほしい」と依頼しました。企業の実態を現場で働く社員の口から応募者に伝え、適応予想度の向上を図ったのです。

描いたグラフの数値を見て、本来は上がるべきなのに上がっていない箇所があれば、対策を施しましょう。**採用活動は一連の流れをもったプロセスであり、順番に成果へと歩みを進めていくものです。よって、時系列で見たときに「前」の課題から解決に向けて取りかかるのがよいのです。**

例えば、募集フェーズに問題を抱えていると、その問題は選抜フェーズに持ち越され、選抜フェーズで苦労することになります。ゆえに、前の段階の課題から解決していくほうが全体として効果的なのです。

ぜひ、P.224の応募者への質問（例）を使って自社の施策を評価し、P.225を参考にグラフを作成してみましょう。採用の成果を高めるために課題点を抽出し、どんな施策が必要かを考える材料にしてください。

応募者への質問（例）

採用サイト	関心度	当社の採用サイトを見て、あなたは「この会社のことをもっと知ってみたい」と思いましたか。
	志望度	最初に当社の採用サイトを見た時点で、あなたは「当社に入社したい」という気持ちはありましたか。
	適応予想度	当社の採用サイトを見た時点で、あなたは当社で実際に働くイメージをもてていましたか。
会社説明会	関心度	説明会が終わった時点で、あなたは当社のことをさらに知りたいと思いましたか。
	志望度	説明会を受けた際、あなたは当社への入社を検討していましたか。
	適応予想度	説明会を受けた時点で、あなたは自分が入社後に適応できているイメージをもてましたか。
面接	関心度	面接で面接官が話したことのうち、自宅に帰ってインターネットなどでさらに調べてみたことはありますか。
	志望度	面接が終わった時点で、あなたは「当社から内定が出たら承諾しよう」と考えていましたか。
	適応予想度	面接が終わった時点で、あなたは「当社に入社してもやっていける」と思いましたか。
内定者フォロー	関心度	あなたは内定が出た後で、当社についてさらに詳しく調べようとしましたか。
	志望度	内定が出てから、当社の社員とやりとりする中で、当社に入社したい気持ちは高まりましたか。
	適応予想度	内定後に当社の社員と関わり、当社に入社してもやっていけそうだという感覚を得ていましたか。

選択肢とその点数（例）

まったく当てはまらない……1点
当てはまらない……2点
どちらでもない……3点
当てはまる……4点
非常によく当てはまる……5点

上記は、採用プロセスの各段階で「関心度」「志望度」「適応予想度」を応募者に尋ねるための質問例です。各選択肢の点数を集計して、施策の効果を数値化しましょう

採用プロセスの課題を見つけよう

グラフ作成までの手順

1	質問項目の作成	右ページのアンケート例を参考に、各段階の「関心度」「志望度」「適応予想度」を応募者に尋ねるための項目を作る。
2	応募者タイプの検討	どのような応募者にアンケートを送るかを検討する（例：内定承諾者、辞退者、選考離脱者、不合格者など）。
3	アンケートの送付	対象者として設定した応募者にアンケートを送り、回答を得る。
4	グラフの作成	回答データをもとに、各段階における「関心度」「志望度」「適応予想度」の値を求めて、グラフに記入する。

関心度・志望度・適応予想度の推移（　　　年度）

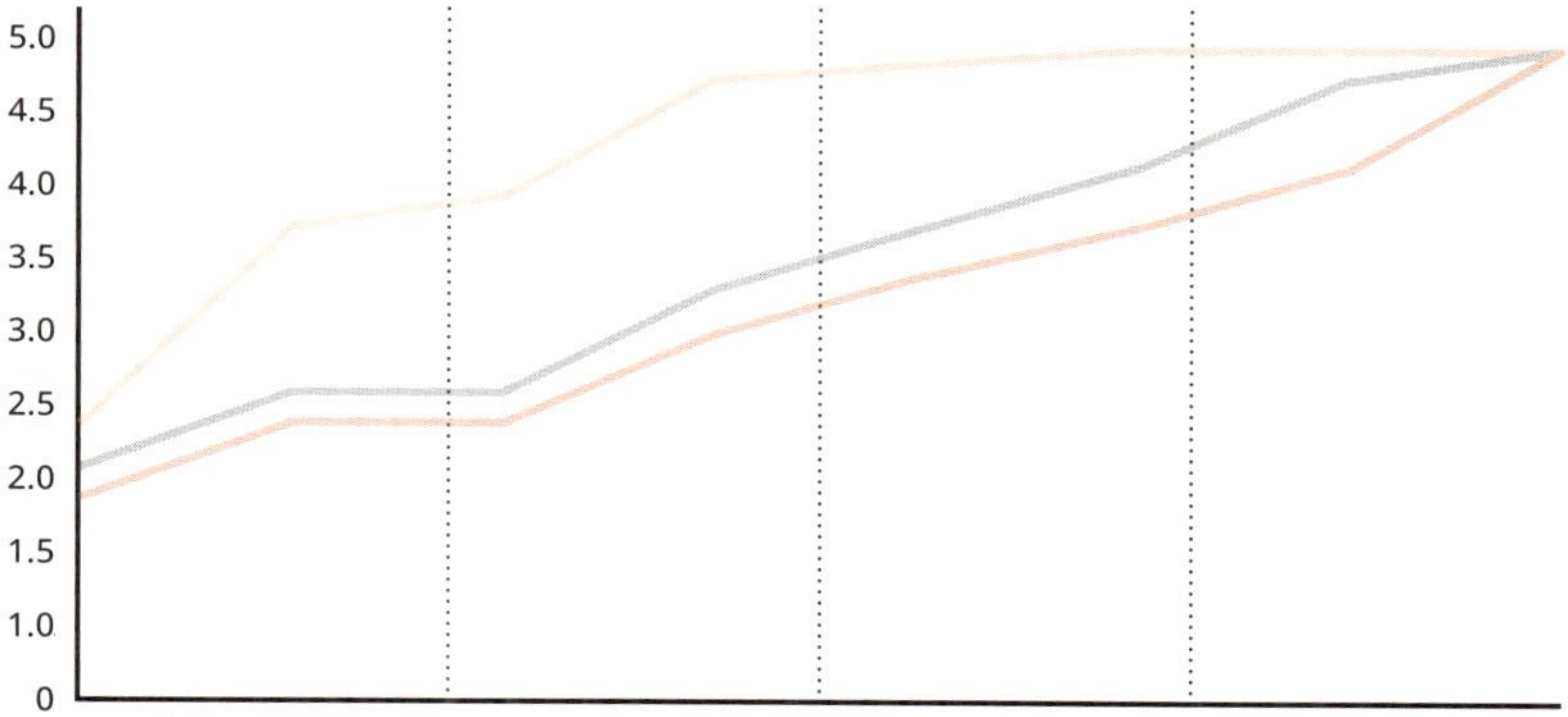

採用サイト

- 「関心度」が高まっていなければ、コンテンツの見直しが必要。関心度が低いと、エントリーにつながらない。

会社説明会

- 「関心度」を満点近くまで高めたいところ。「志望度」も引き上げておきたい。
- 求職者と社員との関わりを多くしよう。

面接

- 最終面接が終わる頃には、「志望度」を満点にしたい。
- 「適応予想度」を上げるため、適切に情報提供を行う。

内定者フォロー

- 「関心度」、「志望度」は満点になっているのがベスト。
- 「適応予想度」を引き上げ、入社後の適応可能性を高める支援を行う。

自社の採用を見直す❷

自社の採用を取り巻く環境を理解しよう

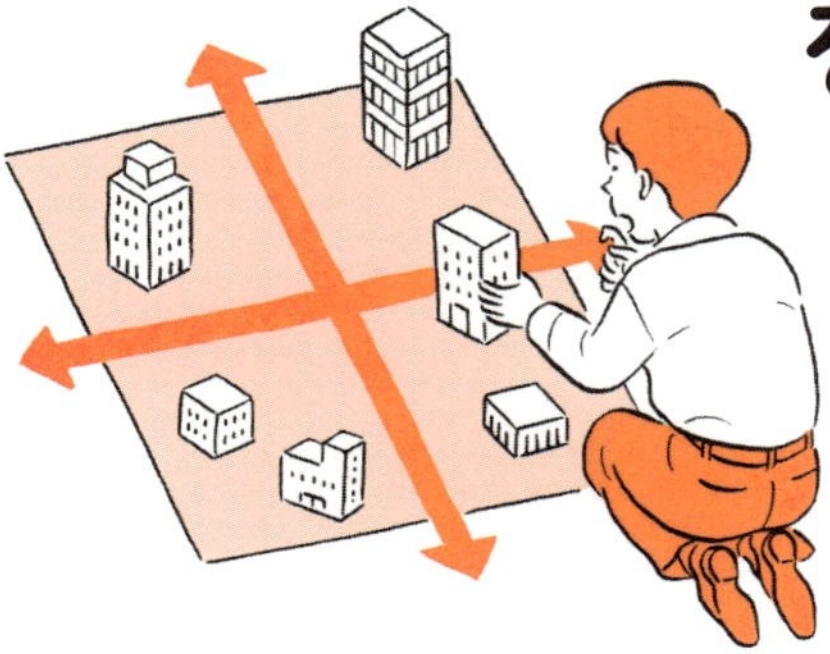

採用を取り巻く環境は、各社で異なっています。他社のやり方をそのまま真似しても上手くいきません。そこで、採用を取り巻く環境をジャンル分けし、自社の採用がどこに位置づけられるかを見てみましょう。

自社の置かれた環境を見つめ直し、どこに意識を向ければいいかを分析すれば、問題解決の糸口が見つかるはずです。

求職者への認知度×採用リソースの豊かさで考える

採用をめぐる環境は、２つの軸で整理できます。

第１の軸は「求職者への認知度」、第２の軸は「採用リソースの豊かさ」です。採用リソースとは、採用にかけられるヒト・モノ・カネなどの資源を指します。

●第1の軸：求職者への認知度

消費者を顧客にする企業は求職者に認知されていることが多く、認知度が高い傾向にあります。一方、法人を顧客にしている場合、業界内で知名度があったとしても、求職者は名前さえ知らない場合があります。そのような企業は、大企業であっても求職者への認知度が高いとはいえません。

求職者への認知度は、自社の採用予定人数と募集の際のエントリー人数とを比べてみることで測ることができます。新卒採用においては、採用予定人数の１００倍を超えるエントリー人数が楽に集まるなら、求職者に十分知られています。それに対して、例えば採用予定人数の２倍のエントリーしか得られないなら、認知度は低いと判断しましょう。

「認知」と「リソース」のマトリクスから見える4つの採用環境

縦軸に「求職者への認知度」、横軸に「採用リソースの豊かさ」をとることで、採用を取り巻く環境を4つに整理することができる。

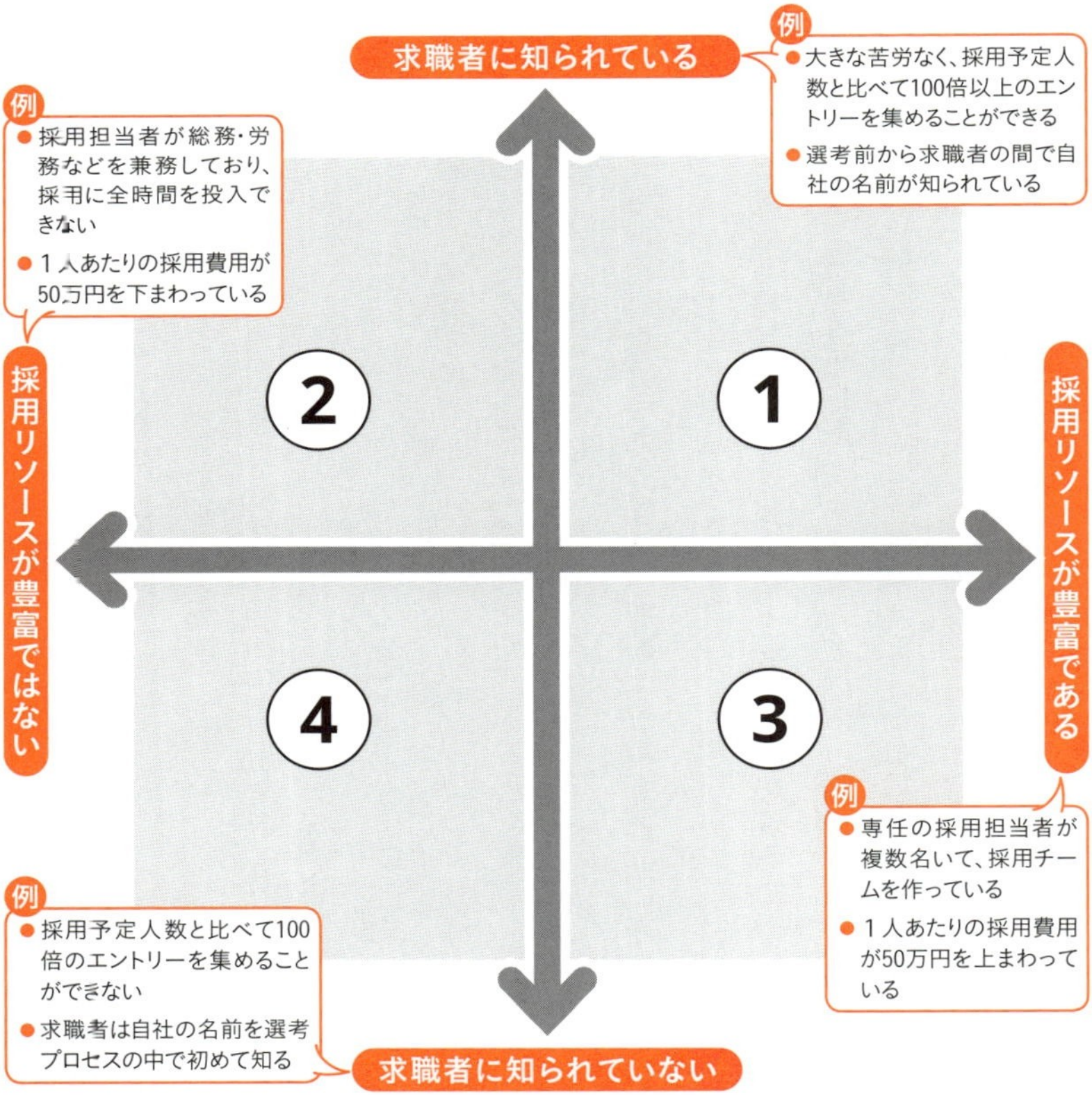

選考前から求職者の間で自社の名前が知られている

採用担当者が総務・労務などを兼務しており、採用に全時間を投入できない

求職者は自社の名前を選考プロセスの中で初めて知る

自社の採用環境がマトリクスのどこに位置するかを知ることは、採用戦略を考えるヒントになります

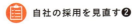

●第2の軸：採用にかける資源の豊かさ

自社に専任の採用担当者がいる、あるいは自社内に採用のチームがあれば、採用に関する人的リソースは豊富にあるといえます。また、企業は1人あたりの採用に、平均50万円のお金を投入していることがわかっています（「2019年卒マイナビ 企業新卒内定状況調査」）。1人あたりの採用に50万円程度の予算が確保できているかどうかは、金銭的リソースの豊かさを判断する1つの基準となるでしょう。

4種類の採用環境とそれぞれのポイント

「求職者に知られているかどうか」「採用リソースが豊富かどうか」、この2軸を交差させれば、4種類の採用環境が浮かび上がります。以下、それぞれの説明をしましょう。

❶求職者に知られている×採用リソースが豊富

これは最も順調に採用を進められる環境です。他の環境と比べ、施策の工夫が少なくても採用予定人数を充足させることができます。ただ、それゆえに落とすことを目的とした選抜を行いやすいともいえます。

そのような選抜を行わないためには、募集フェーズで人材要件に合った人を集めることが重要です。**玉石混交の大量候補者群ではなく、自社に合った人が高い割合で含まれている候補者群を作ることができれば、見極めが効率的になり、選抜にかけるコストを減らせます**（↓P.74）。

❷求職者に知られている×採用リソースが豊富ではない

この環境にある企業は、エントリーを集めるのに苦労しませんが、リソースが限られているため、集まった求職者に対して十分な選抜が行えません。それゆえ、❶の環境にある企業以上に、候補者群の質を高める必要があります。

また、求職者に知られているといっても、求職者がもっている情報の中には、誤解や偏見、過大評価が含まれています。この環境にある企業は、リソースに限界があるため、求職者の先入観を是正できないまま、採用活動が終わってしまうおそれがあります。**したがって、採用活動全体を通して、意識的に企業内の実態を伝えていくことが大切です**（↓P.98）。

❸求職者に知られていない×採用リソースが豊富

この環境にある企業は、求職者に知られていない分、十分なエントリーを集めるのが難しいといえます。合同説明会や学内説明会に参加し、求職者に存在を認識してもらうように努めましょう。エントリーシートを廃止するなど、エントリーの負荷を小さくし、求職者が採用プロセスに参加しやすくするのも効果的です（↓P.86）。また、就職活動の中で初めて知った企業に対して、求職者は高い志望度をもっていません。選抜フェーズにおいて、求職者の志望度を上げる必要があります（↓P.148）。

❹求職者に知られていない×採用リソースが豊富ではない

これは最も採用に苦しむ環境です。認知度もなければ、資源もないわけです。いかに工夫をこらすか、採用の設計力がカギになります。

例えば、他社と一緒に説明会を開くなど、他社と候補者群を共同的に形成することで、求職者への認知度を上げることができます。同じ業界の採用担当者と人脈を作りましょう。

以上のように、置かれる環境が違えば、企業がとるべき行動は異なります。ここで示した4種類の採用環境は大枠のものですが、自社の施策を検討する手がかりとなるでしょう。

おわりに 7

本書を活用していただくために

学生の頃の私（伊達）は、大学院において経営学のトレーニングを受けながら、「学問」と「実務」の遠さに辟易《へきえき》していました。「研究者」と「実践者」が双方の知見をぶつけ、互いに気づきを得るような関係を作れないものか、そんなことを考えていました。

若さもあったのかもしれません。そうした問題意識に駆り立てられ、私は株式会社ビジネスリサーチラボを設立しました。ビジネスリサーチラボは学問と実務、双方の知見を活用し、民間企業を対象に調査を行う会社です。

そんな私が、「採用」の研究や実践に関わることになったのは、大阪のカフェで服部泰宏先生が「採用」の研究に関心をもちはじめたと、私に話したのがきっかけでした。服部先生は、大学院の同じ研究室の先輩にあたります。

服部先生の話を聞いて私は、採用の世界には「学問」と「実務」の橋渡しが求められていると感じました。そこで、服部先生とともに、採用に関わる人を集客し、採用をテーマとしたセミナーを行ったのです。このセミナーは満員御礼となったばかりでなく、当日の様子が新聞に掲載されました。その記事のタイトルで「採用学」という言葉が用いられ、「採用学」の歴史が幕を開けたのです。

「採用学」が人事業界で広まる中で、ビジネスリサーチラボは服部先生と「採用学研究所」を作り（運営は、現在に至るまで弊社が担っています）、サービスの1つとして、採用に関する調査を手がけるようになりました。新卒採用を支援する株式会社パフの釘崎さん（本書の共著者）と出会ったのも、そんな折のことです。

釘崎さんとパフの社員の方々とは、さまざまな機会でご一緒してきました。パフの教育プログラムに参加した学生の変容を測定するプロジェクトに始まり、若者の成長可能性を可視化するアセスメントの開発、さらには、一般社団法人日本採用力検定協会の設立、採用力調査の共同開発など、枚挙にいとまがありません。これらの共同を通じて、私は、釘崎さんやパフの社員の方々の採用に対する真摯《しんし》で実直な「信念」に触れてきました。

私が大いに感銘を受けたのは、その信念の中核にある、「求職者を『個人』として尊重する」姿勢です。本書のアイデアの多くは、釘崎さんやパフの社員の方々が信念に基づく長年の活動の中で作り上げた経験知に端を発しています。

本書における私の役割は、それらの経験知を、学問の知識や弊社による独自調査などのエビデンスと照らし合わせ、妥当だと考えられるものを抽出し、できる限りロジカルに採用担当者のみなさまの前に出すことでした。

本書を読み終えたみなさまに改めて申し上げたいのは、採用は、企業にとっても社会にとっても大切な仕事だという点です。企業がどんな人を採用するのかは、短期的には職場運営に、中長期的には組織経営に影響を与えます。企業を動かすのは、他ならぬ「人」なのです。

採用は、若者のキャリアにも影響を及ぼします。どんな会社に入るかがキャリアのすべてではありませんが、将来を左右する重要な要素であることは間違いないでしょう。採用のあり方は、若者を経由して社会の未来につながる重大事項です。本書では、そのような思いに基づき、採用担当者にぜひ知っておいてほしい知識や考え方をお伝えしてきました。

本書の内容は３つの意味で採用担当者の「武器」になる、と私は信じています。

❶社内を説得する際の武器

採用は組織活動の一貫として実行されますが、組織は変化を嫌います。自社の採用を変えたいと考えても、簡単には許可が下りません。その際には、本書の内容を根拠に、上司や経営層にアイデアを提案してください。もしくは本書を関係者に紹介し、その内容を共通の知識にするのもよいでしょう。

❷外注先と調整を行う際の武器

採用を実行するには、外部の採用支援業者の助けが必要になりますが、「業者にまるごと任せてしまおう」といった、業者依存の姿勢に陥るのは問題です。本書を手元に置きながら、業者のサービス内容を吟味し、自社に合った業者との関係を構築していっていただきたいと思います。

❸ 求職者への対応を工夫するための武器

本書は、全体を通して、求職者の心理や行動に注目してきました。求職者の心のうちを理解し、求職者にとっても自社にとっても、よい結果を導き出すことができる採用を実践してほしいと思います。

本書を書くにあたって私たちは、採用を進める上で必要な知識を、幅広く紹介することを狙いました。ある程度そのことには成功したと考えています。しかし、本書で説明した知識は、採用のあらゆる知識を完ぺきに網羅《もうら》するものではありません。読者のみなさまには、本書をきっかけに、採用に関する知識をさらに深めていってほしいと思います。

本書の内容を実践し、さらなる学びへ足を進めれば、採用の成果を得られるでしょう。そのプロセスにおいて意識し続けてほしい視座について、最後に触れておきます。

私たちは、読者のみなさまに「三方よしの採用」を志向してほしいと考えています。「自社」「求職者」「社会」の三者にとってよい採用を目指していただきたいのです。

採用は社内にとどまらず、社外にも開けた活動です。自社の利益だけを考えた採用は、求職者と社会の利益を置き去りにします。そうした採用は、かえって自社の成長を止め、利益も長続きしないでしょう。

求職者への配慮や敬意をもたない企業の振る舞いは、求職者の不信を買います。そのような求職者の評価は、その周囲やインターネットを介して社会に伝わります。

企業にとって求職者は、自社で採用するかもしれない候補者の1人かもしれません。しかし、求職者にとって就職・転職活動は、自身のキャリアに関わる重大な選択をする場なのです。

「三方よしの採用」に唯一最善の答えはありませんが、企業の採用にはまだまだ工夫の余地があります。この施策は自社の事業や組織を強くするだろうか、求職者の職業人生を充実したものにするだろうか、社会全体によい影響を及ぼすだろうか、そのように考え抜いて、採用活動を進めてほしいと思います。

「採用のプロフェッショナル」と呼ぶにふさわしい専門性を手にするために、本書はきっと力強い味方となるでしょう。

伊達 洋駆

おわりに❷

真の採用成功とは何か？

採用は、誰のために、何のために行うのでしょうか。

「何を寝ぼけたことを。会社に貢献する人材を調達するために決まっているだろ！」という声が聞こえてきそうです。その通りかもしれません。しかし、私はそれだけでは、真の採用成功はおぼつかないのではないかと考えています。〝常識〟とは異なるのかもしれませんが、採用は人のため、そして社会のため、「個人の将来と社会の未来を真剣に考える」ことが何より必要だと思うのです。姑息《こそく》な手段を弄《ろう》するのではなく、1人ひとりと真剣に向き合うことで、優秀な人材はあなたの会社に目を向けてくれるのです。

私（釘崎）が新卒で会社を選んだときのお話を少しさせていただきます。

私の学生時代、就職情報誌は就職活動を行う学生なら誰もが利用する貴重な情報源でした。いまは就職サイトに姿を変えていますが、担う役割や機能は同じです。そして、いまと同様、会社の評判は就職活動を行う学生のコミュニティの中で、盛んに飛び交っていました。

しかし、私は就職情報誌に掲載されている会社情報や仕事情報が、いかにきれいに装飾されたものか、また、学生の間で飛び交っている評判が、いかに根拠のない薄っぺらなものか、ということを知っていました。

なぜなら、私は学生時代に、就職情報誌の会社で企業向けの営業に携わっていたからです。大変失礼な話ですが、学生の身分を隠し、入社2年目の若手社員だと偽って、300社ほどの会社に営業訪問していました。お会いする方は、大手企業であれば人事の係長や課長クラス、中小企業であれば人事部長、役員、ときには社長と対面することもありました。

そのときに感じたのは、採用に真剣な会社（学生に真摯《しんし》に向き合おうとする採用担当者）のなんと少ないことか、ということです。表ではいいことを言っておきながら、「学生なんて、所詮《しょせん》この程度だからね」と侮辱《ぶじょく》するような発言をする人の多さに辟易《へきえき》したものです。私が学生だったから、余計にそう感じたのかもしれませんが……。

そういう採用担当者にぶつかると、「お前の会社なんか採用に失敗してしまえ！」と心の中で思ったものです。それが原因なのか、営業成績は散々。よくクビにならなかったものだと思います(笑)。

そんな中、学生に真剣に向き合ってくれる会社が何社かありました。私はそのことが嬉しくて、営業活動そっちのけで、その会社の支援を行いました。特に「初めての新卒採用」

にチャレンジする会社には、相当に肩入れしたものです。実は私が新卒で入社した会社は、そのうちの1社だったのです。

その会社は、社長が採用担当を兼任していました。規模や知名度や業界ではなく、売り上げや利益でもなく、ただただその会社の社長の採用姿勢に心を打たれたことが、私が入社を決意した理由です。

もう1つ、私が決意した大きな理由があります。

実は、その会社の「初めての新卒採用」を、私の力不足によって失敗させてしまったのです。多額のお金を費やしてもらったにもかかわらず、です。しかし社長は、「気にするなよ。いままで出会うことのできなかった、たくさんの若者にも会えたわけだし。あせらず、また来年チャレンジしようよ」と私に言ってくれたのです。私はそのとき、自分が学生の身分を隠していたことを恥じました。そして、実はまだ学生だということを伝え、もし自分でよければ入社させて欲しいと、その社長に頭を下げたのです。親兄弟からは猛反対されましたし、周囲の友人にもあきれられました。しかし、私のこの「就職活動」が、私のキャリアや採用に対する考え方に大きな影響を与えていることは間違いありません。

本書は採用の実務書でありながら、単なる知識やノウハウをお伝えすることを目的とはしていません。心ある採用担当者の方々に、真の採用の成功に欠かせないマインドや視座についてお伝えしてきたつもりです。それが遠回りのようで、実は企業の採用を成功させるいちばん重要なファクターであると考えているからです。

私の経営するパフという会社で提唱していることが2つあります。1つ目は「顔の見える就職と採用」、もう1つが「三方よしの採用」です。

「顔の見える就職と採用」とは、「企業も求職者もウソをつかず、互いに胸襟《きょうきん》を開いて正面から向き合い、信頼関係を結ぶことで成立する就職と採用」のこと。「三方よしの採用」とは、「自社、求職者、社会、この三者のいずれもが、ともにハッピーになれるような採用」のことです。長年の経験から、この2つのことがどんな知識やノウハウよりも重要であると確信しています。このことについては、共著者の伊達さんが、「本書を活用していただくために」で詳しく説明していますので、ぜひお読みください。

ナツメ社さんからこの書籍執筆の打診があった際、実は丁重にお断りしようと考えていました。1冊の本を書き上げることは、私のような文才のない者にとっては会社経営よりも難しいことだと感じています。実は16年前に一度だけ書籍を著したことがあるのですが、「もう二度と書かない！」と固く誓ったほどです(苦笑)。

それなのになぜ引き受けることにしたのか……。私は、自分の社会人人生の7割以上を「企業の採用支援」という仕事に費《つい》やしてきました。そこで得られた考え方や思いをパフの社員や顧客だけでなく、世の中に広く伝え、残しておきたいと考えたからです。

しかし、私1人では読者にわかりやすく伝える自信も、能力もありません。もし、私の考えをわかりやすく代弁してくれる人がいるのなら、そしてその人が、私の思いに心から共感して、原稿執筆の苦労をともに味わってくださるのなら……。そんなことを考えるようになりました。

そこで白羽の矢が立ったのが、採用学研究所の所長であり、株式会社ビジネスリサーチラボの社長でもある伊達洋駆さんでした。「採用の本質を採用担当者に伝えるための本を一緒に書いてみませんか」と、築地の寿司屋のカウンターでご相談したところ、伊達さんは二つ返事で快諾してくれました。

伊達さんは、私やパフの社員とも深い信頼関係で結ばれたビジネスパートナーです。この本の執筆においても、思いが先行しがちな私の考えや意見を、学術的な研究や調査によるデータをもとに、冷静かつ明快なロジックで表現してくださいました。共著といいながら、この本の大半は伊達さんが執筆し、私はたまに相談に乗ったり、コラムを受けもったりした程度です。

そうやってでき上がったのが本書なのです。採用に携わる多くのみなさまに、この本を長くそばに置いていただき、悩んだり迷ったりした際にお読みいただけたらと思います。

ところで、本書には学習院大学名誉教授の今野浩一郎先生、神戸大学大学院准教授の服部泰宏先生、株式会社人材研究所の曽和利光社長からもコラムをご寄稿いただきました。お三方には、一般社団法人日本採用力検定協会の理事も引き受けていただいており、数々のご助言をいつも頂戴しています。この場を借りて、改めて感謝申し上げます。

最後に、本書の執筆にあたって遅筆な私を我慢強く見守り、たくさんのアドバイスをくださった編集担当の鈴木美香さんに最大限の謝辞を述べたいと思います。編集という仕事の大切さ、ありがたさ、偉大さというものを、この本の執筆を通じて学ばせていただきました。本当にありがとうございました。

釘崎　清秀

採用力17の要素

最後に、採用力を構成する17の要素を紹介します。
自分に足りないチカラを理解するヒントにしてください。

「採用力」とは

一般社団法人日本採用力検定協会が提唱したもので、採用を上手く進めるために必要なチカラ（マインド、ナレッジ、スキル、アクション、パースペクティブ）を指します。

要素1
マインド

説明を試みる
なぜそうしたかを言葉で説明すること

言葉にすることで、採用の各施策がなぜ上手くいっているか／いないかを検討できます。施策の根拠を見える化でき、改善も進めやすくなります。

➡**まずは、とにかく言葉することが大事です。施策の理由や意図を、現場社員や経営層に語る機会を増やしていきましょう。**

要素2
マインド

キャリア自律
自分のキャリアを自分で作ること

「自分の職業人生の主人公は自分」と認識し、将来のキャリアを思い描くことで、納得のいくキャリアを歩める可能性が高まります。採用担当者としての専門性も高められるでしょう。

➡**過去を振り返って「職業人生で重視する価値観」を探りましょう。その上で、現在の仕事の意味づけを行うとよいでしょう。**

要素 **3** マインド

理想を描く

「理想の採用」について考えること

いまの採用が「理想の採用」とどう違うのかを考えることで、理想の採用に少しずつ近づけます。採用の世界における「流行」に振り回されずにも済みます。

➡**「自分の理想とする採用」を言葉にしてみましょう。理想像を周囲の人に伝え、議論すればそれを洗練させられます。**

要素 **4** マインド

組織への愛着

所属する組織に愛着をもつこと

「会社をよくしたい」という気持ちで採用を行えば、採用の成果が会社の成果につながります。愛着をもてる会社を選ぶこと、そのような会社へと変革していくことが大事です。

➡**会社の中にどんな人がいるのかを知りましょう。「この人たちのために頑張りたい」と思えるかもしれません。**

要素 **5** マインド

自己成長心

自分の専門性を高めたいと考えること

自己成長心をもつと、成長機会をどん欲に求めるようになり、結果的に成長する可能性が高まります。成長志向が高い人は自分に対するフィードバックを積極的に得ようとします。

➡**「何歳になっても、人は成長していけるものだ」という信念をもち、成長できる機会を求めることが大事です。**

要素 **6** マインド

共有主義

他社と情報交換を積極的に行うこと

他社に自社の採用の現状や課題を共有すれば、他社からも共有してもらえるでしょう。採用に関する情報を公開するとともに、さまざまな情報を集めましょう。

➡**他社の採用担当者との出会いを求め、外部のセミナーや研修に出向くことをおすすめします。**

要素 7
ナレッジ

採用の語彙《ごい》

採用に関する事柄を表現する言葉が豊富であること

人材要件を設定する際に、イメージを具体化しやすくなります。自社の社風を求職者に伝える際にも、社風というとらえにくいものを正確に表現できます。

➡現場社員や経営層、さらには社外の人との対話をし、そこで使われている言葉を収集することで語彙を増やせます。

要素 8
ナレッジ

経営の知識

経営に関する基本知識をもっていること

経営層と深いレベルで議論が行えます。経営に有益な採用を実行しやすくなり、採用の成果が経営的にも重要な意味をもつようになります。

➡財務諸表や経営戦略に関する勉強を進めるとよいでしょう。経営層とのコミュニケーション頻度を増やすのも一策です。

要素 9
ナレッジ

他社の動向

他社の採用を把握していること

他社の動向がわかっていれば、自社の採用の前例を絶対視することもなくなります。「他社と比べて自社はどうか」と振り返ることもでき、自社の採用を改善するためのヒントも得られます。

➡他社の採用担当者と話をする機会を作りましょう。採用支援企業が開催する事例報告会に足を運ぶのもよいでしょう

要素 10
ナレッジ

労働市場の現状

求職者の傾向を理解していること

労働市場の現状を把握していないと、的外れな施策を実行してしまいかねません。求職者の置かれた状況、心理、行動を踏まえて採用を進めれば、採用が成功する確率が高まります。

➡労働市場の動向を解説するセミナーに参加したり、ウェブで公開されているレポートに目を通したりするとよいでしょう。

要素11 スキル

調整する

必要に応じて社内外の資源を動かすこと

新しい採用方法を試したいとき、社内の調整が上手くいかなければ、それを実行することはできません。経営層や上司の理解を得ることで、実行できる採用の幅が広がります。

➡**日頃から社内の人、特に上位者との交流を心がけましょう。機会を見つけて、採用の重要性を説いて回るのも大事です。**

要素12 スキル

見極める

応募者を適切に選抜すること

自分がどんな先入観をもっているかを理解すれば、評価における偏りを減らすことができます。応募者を適切に見極めることで、自社に合った人材を採用しやすくなります。

➡**このスキルは自分と他者の評価内容を比較することで磨かれます。面接官同士で評価結果とその根拠を議論してみましょう。**

要素13 スキル

惹きつける

応募者の志望度を上げること

自社を就職・転職先として魅力的に感じてもらう必要があります。応募者の志望度を効果的に向上させることができれば、自社を選んでくれる可能性が高まります。

➡**応募者の価値観を把握することが大事です。その上で、自分の性格や能力に合った惹きつけの方法を模索してみましょう。**

要素14 アクション

運営する

採用プロセスを安定的に遂行すること

不十分な運営は、とりわけ採用の後半における応募者の志望度を下げる要因になります。採用の成果を高めるためにも、事前に計画した採用プロセスを不具合なく完遂することが重要です。

➡**プロジェクトマネジメントの知識を学びましょう。いざというときに助けてくれる理解者を社内に作っておくことも有効です。**

要素15 アクション

決断する

決めるべきことを決められること

「ここは変える！」という決断が必要なときもあります。採用を振り返り、改善する必要のある箇所を見つけ、採用の精度を向上させましょう。

➡**決断は、データに基づいて論理的に行いましょう。普段から採用に関するデータを集めることをおすすめします。**

要素16 パースペクティブ

企業最適

自社にとって望ましい採用を考えること

採用は企業の維持・発展のために行います。経営者目線で採用を考えることができれば、会社にとって有益な採用を行うことができます。

➡**採用が経営や事業にどう貢献できるかを考えましょう。経営層とのディスカッションを定期的に行うことが有効です。**

要素17 パースペクティブ

社会最適

社会にとって望ましい採用を考えること

採用は社会的な活動です。自社の採用が社会に与える影響をイメージし、求職者にとっても企業にとっても公正な採用を目指すことが大事です。

➡**自社の採用が求職者にどんな影響を与えているのか、どんな負担をかけているのか、求職者の目線で見つめ直してみましょう。**

■著者紹介

釘崎 清秀(くぎさき きよひで)

株式会社パフ代表取締役。明治学院大学経済学部在学時よりリクルート(現リクルートキャリア)で就職情報誌の営業に携わる。その後コンピューター業界に転じ、計測制御システム等の企画開発、1995年に国内老舗の就職サイトを立ち上げ、1997年に株式会社パフを設立。一般社団法人日本採用力検定協会代表理事、一般社団法人履修履歴活用コンソーシアム代表理事を兼務。直近では趣味が高じて音楽居酒屋の開業にも着手。

伊達 洋駆(だて ようく)

株式会社ビジネスリサーチラボ代表取締役。神戸大学大学院経営学研究科博士前期課程修了。修士(経営学)。同研究科在籍中、2009年にLLPビジネスリサーチラボを、2011年に株式会社ビジネスリサーチラボを創業。以降、人事領域を中心にリサーチ事業を展開。2013年に神戸大学大学院服部泰宏研究室と共同で採用学研究所を設立し、同研究所の所長を務める。2017年には一般社団法人日本採用力検定協会の理事に就任。

■STAFF

本文デザイン&DTP　高 八重子

イラスト　白井 匠

編集協力　パケット

編集担当　森田 直(ナツメ出版企画)

「最高《さいこう》の人材《じんざい》」が入社《にゅうしゃ》する 採用《さいよう》の絶対《ぜったい》ルール

2019年4月1日　初版発行

著　者　釘崎《くぎさき》 清秀《きよひで》　©Kugisaki Kiyohide, 2019
伊達《だて》 洋駆《ようく》　©Date York, 2019

発行者　田村正隆

発行所　株式会社ナツメ社
東京都千代田区神田神保町1-52　ナツメ社ビル1F(〒101-0051)
電話　03(3291)1257(代表)　FAX　03(3291)5761
振替　00130-1-58661

制　作　ナツメ出版企画株式会社
東京都千代田区神田神保町1-52　ナツメ社ビル3F(〒101-0051)
電話　03(3295)3921(代表)

印刷所　ラン印刷社

ISBN978-4-8163-6609-3　Printed in Japan
〈定価はカバーに表示してあります〉
〈落丁・乱丁本はお取り替えいたします〉